AF357346

ABUS DU RÉGIME DOTAL.

ABUS

DU

RÉGIME DOTAL

AU POINT DE VUE

DES INTÉRÊTS DU PAYS ET DE CEUX DE LA FAMILLE.

Histoire et Critique de ce Régime

PAR TH. HOMBERG

Ancien Magistrat, Avocat à la Cour de Rouen
Président de l'Académie de la même ville.

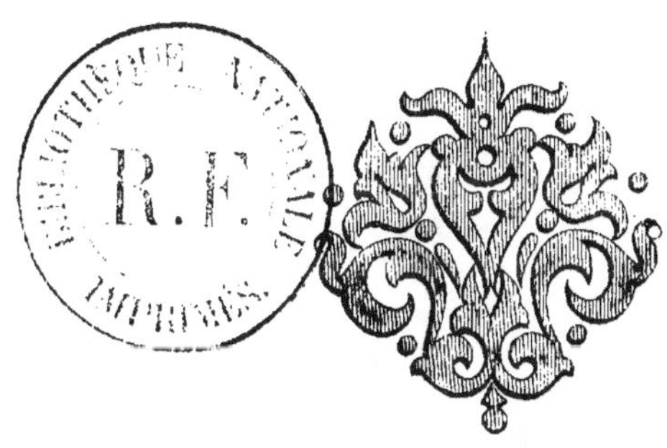

SE VEND:

A ROUEN	A PARIS
Chez **A. Péron**, éditeur	Chez **Durand**, libraire
rue de la Vicomté, 55.	*rue des Grés, 3.*

1849.

PRÉFACE.

Depuis seize ans que je suis mêlé aux affaires judiciaires de la Normandie, j'ai appris à connaître le régime dotal.

Je l'ai vu servir d'instrument à tant de fraudes, et devenir la source de si amères déceptions, que j'ai cru faire acte de bon citoyen en lui déclarant la guerre.

Je ne me dissimule pas les difficultés de la tâche que j'entreprends.

Le régime dotal se recommande auprès des jurisconsultes par sa haute antiquité, par son origine puisée aux sources les plus révérées du droit, par la consécration des siècles à travers lesquels

il a su maintenir ses exigences, et surtout , il faut
bien le reconnaître, par la puissance de la routine.

Il se recommande aux hommes du monde par
tout ce qu'il y a de spécieux dans les garanties
qu'il paraît offrir à la conservation des fortunes.

C'est tout à la fois aux jurisconsultes et aux
hommes du monde que s'adressent les pages qu'on
va lire.

Pour les premiers, je ferai l'histoire du régime dotal, et, en faisant voir dans quelles circonstances, au milieu de quelles institutions,
de quelles mœurs, ce régime a pris naissance,
puis, à quelles causes il a dû sa longue durée,
peut-être parviendrai-je à le dépouiller du prestige
qui l'entoure.

Pour les hommes du monde, envisageant le
régime dotal sous le triple point de vue du bonheur domestique, de l'intérêt social et de la fortune du pays, je le montrerai tout à la fois hostile
aux intérêts des époux qui le prennent pour base
de leur union, dangereux pour les tiers qui se
trouvent en contact avec lui, et exerçant une influence fâcheuse sur la prospérité nationale.

En regard du régime dotal, je placerai le régime de la communauté de biens qui, suivant l'expression d'un vieil auteur : « Nous est un droit *très foncier* » et qui, associant l'union des fortunes à l'union des personnes, doit paraître la plus vraie expression d'une époque où la femme n'est plus l'esclave, mais l'associée du mari, où, de l'alcove, elle est venue prendre place, non seulement à la table et au foyer, mais au magasin et au comptoir, où, d'un autre côté, la mobilité des fortunes rend nécessaire la libre et facile disposition des biens.

Le Code civil, en adoptant à la fois les deux régimes, a laissé à chacun le soin de choisir celui sous les lois duquel il entendait ranger son union matrimoniale.

C'est ce choix que je désire éclairer.

La routine est un mauvais guide.

Si le père de famille consulte en Normandie ou dans le midi de la France, on lui dira qu'il n'est de salut pour la dot de sa fille que sous l'égide du régime dotal.

S'il consulte à Paris ou dans les autres pays de

coutume, on lui dira que le régime dotal fait payer par des entraves gênantes des garanties illusoires, et que le régime de la communauté de biens convient seul à nos mœurs et à nos institutions.

La vérité ne peut cependant pas être à la fois dans ces deux assertions contraires. Le régime salutaire à Rouen, ne peut être pernicieux à Paris.

Je voudrais mettre le futur époux, le père de famille, le jurisconsulte qui les conseille, à même de se prononcer en connaissance de cause entre deux directions différentes dans lesquelles il s'agit d'engager irrévocablement, pour toute la durée qu'elles doivent avoir, les destinées d'un ménage.

Mes efforts, bien timides d'abord, et qui n'avaient pour appui que l'inspiration d'une conviction ardente, ont reçu déjà d'encourageantes approbations.

Les membres les plus distingués du barreau et du notariat de Rouen m'ont confié leurs secrètes sympathies pour le régime proscrit dans la ville qu'ils habitent.

L'Académie de cette même ville a reçu les prémices de mon œuvre et en a voté l'impression dans le Précis de ses travaux (1).

D'un autre côté, pendant que j'écrivais, un praticien, d'un incontestable mérite, ouvrait fièrement la croisade, et publiait, contre le régime dotal, un livre aussi remarquable par l'élégance du style que par le fonds des pensées (2).

M. Marcel connaît le régime dotal comme un ennemi avec lequel il s'est souvent mesuré.

Une longue pratique du notariat lui a révélé tous les points par lesquels ce régime peut blesser ceux qui se trouvent forcément en contact avec lui.

Il l'a vu aux prises avec la petite comme avec la grande propriété, et l'a suivi dans tous les

---

(1) Années 1840, 1844, 1845 et 1847.

(2) Du régime dotal et de la nécessité d'une réforme dans cette partie de notre législation, par Pierre Léonard Marcel, notaire à Louviers, se vend à Paris, chez Jullien, quai des Augustins, 27 bis, et chez Durand, rue des Grès, 5.

Mon premier chapitre, contenant l'*histoire du Régime Dotal chez les Romains*, était déjà imprimé dans le *Précis des Travaux de l'Académie*, quand a paru, en 1842, l'ouvrage de M. Marcel.

détails de son application à cette multitude de petites transactions dans lesquelles se traduisent les actes les plus habituels de la vie chez la classe la plus nombreuse de la société.

Enfin, il y a autre chose, dans le livre de M. Marcel, que la puissance de l'argumentation ; il y a l'autorité du témoignage.

J'entre après lui dans la lice. Je viens apporter à l'œuvre qu'il a si bien commencée le faible tribut de mes méditations et de mon expérience. Que d'autres nous y suivent. L'ennemi est puissant, il faudra bien des efforts réunis pour l'abattre ; mais peut-être quand il sera à terre, voudra-t-on bien se souvenir que nous lui avons porté les premiers coups.

PREMIÈRE PARTIE.

Histoire du Régime dotal.

Il ne faut jamais séparer les lois des circonstances dans lesquelles elles ont été faites.

MONTESQUIEU, *Esprit des Lois*, l. 29, ch. 14.

CHAPITRE PREMIER.

DU RÉGIME DOTAL CHEZ LES ROMAINS.

Lors de la discussion du Code civil au corps législatif, un orateur se représentait placé sur une haute montagne, d'où, d'un côté, il voyait briller une lumière vive et pure, qui était la législation romaine, et, de l'autre, il voyait régner encore cette confusion de coutumes diverses, de lois barbares, « caprices superbes des vainqueurs, disait-il, habitudes serviles des vaincus, etc...» (1).

---

(1) Fanet. *Travaux préparatoires du Code civil*, tome XIII, p. 768. — Un autre orateur félicitait les contrées du Midi de la France d'être à la fois éclairées par le soleil et par le digeste. Id., page 749.

Si, au lieu de rester sur la montagne, l'orateur dont je parle avait marché à la rencontre de cette lumière qui l'éblouissait, peut-être l'aurait-il vue s'affaiblir et disparaître comme ces feux follets qui ne trompent qu'à distance. Ce que je dis là, je le justifierai par un seul mot. Quand le régime dotal a pris naissance à Rome, la femme était l'esclave de l'homme; aujourd'hui, elle est son associée. Voudra t-on bien reconnaître que ce qui a pu convenir à l'une de ces époques, puisse ne plus convenir à l'autre?

Qu'au XIIe siècle de notre ère, lorsque les Pandectes de Justinien, depuis si longtemps perdues, furent retrouvées au siége d'Amalfi, les populations, réduites aux lois barbares importées par la conquête, ou aux souvenirs à demi effacés du code Théodosien, se soient prises d'enthousiasme pour cet ensemble de décisions si sages et si justes; qu'à cette époque où l'autorité des textes subjuguait les esprits, le précieux volume, porté en triomphe de Pise à Florence, et conservé dans cette dernière ville avec un culte religieux, soit devenu l'oracle des écoles d'Irnérius et de Placentin, c'est ce que, sans peine, nous comprenons; mais, aujourd'hui que l'éclectisme domine dans les sciences comme dans la philosophie; aujourd'hui que notre société, fondée sur des bases nouvelles, a besoin d'un droit nouveau, sachons au moins discerner, dans la législation des Romains, ces maximes de justice éternelle, véritable raison écrite, toujours également applicables à tous les temps et à tous les lieux, de ces lois positives, créées au milieu de mœurs et d'institutions qui ne sont plus les nôtres.

Quel fils de famille voudrait, de nos jours, se soumettre à la despotique autorité du *Pater familias*? Quelle femme mariée n'aurait pas horreur du régime de la *Manus*? Et, en un mot, que pouvons-nous envier à la constitution de cette famille romaine, basée sur l'esclavage des serviteurs et sur le servage des femmes et des enfants?

Ce ne sont, à vrai dire, ni les lois primitives ni les institutions des Romains qui méritent notre admiration, mais la manière dont elles ont été interprétées par ces éminents jurisconsultes, dont les sages réponses ont acquis dans les siècles suivants l'autorité législative. Et, si nous avons un regret à former, c'est que le génie d'un Paul, d'un Ulpien, d'un Papinien, se soit trouvé emprisonné dans les entraves d'une législation si étroitement formaliste à certains égards, et encore si barbare à certains autres.

Avant donc d'invoquer pour une loi française l'autorité d'une loi romaine, il faudrait rechercher par qui, et à quelle occasion, cette loi romaine a été faite ; car les temps ne sont plus les mêmes, et les circonstances ont pu changer avec eux.

Ces considérations nous ont déterminé a entreprendre l'histoire du régime dotal, histoire, d'ailleurs, curieuse et intéressante ; car l'histoire de la dot est l'histoire de la condition des femmes, qui n'est autre, elle-même, que l'histoire de la civilisation.

On ne devra pas être surpris si nous prenons cette histoire d'un peu haut.

La dot est l'accessoire du mariage. Elle apporte une modification à la puissance maritale. Pour comprendre la dot romaine, il faut donc bien connaître, avant tout, ce qu'étaient chez les Romains le mariage et le pouvoir du mari.

SECTION PREMIÈRE

Du mariage et de la puissance maritale chez les premiers Romains.

La puissance maritale n'était pas toujours chez les Romains, comme chez nous, la conséquence nécessaire et forcée du mariage.

Ils distinguaient entre le mariage en lui-même, *Nuptiæ*, qui se formait par le seul consentement des parties (1); et certaines solennités du droit civil (2), ou une prescription (3), qui donnaient naissance à la puissance maritale, la *Manus*, et faisaient passer la femme, avec tous ses biens, de la famille de son père dans celle de son mari.

Les noces pouvaient être légitimes, *justæ*, et ne pas être suivies de ces solennités ou de cette prescription. Ce qui, alors, les distinguait du simple concubinat, n'était autre chose que l'intention des contractants (4), et on comprend d'après cela que, dans certains cas, il devait être fort difficile de connaître s'il y avait *justes noces* ou concubinat. Nous dirons, toutefois, que les justes noces se présumaient aisément quand la femme était d'une vie honorable et d'une condition égale à celle de son mari (5). Au reste, le concubinat dont il est

---

(1) « Nuptias consensus.... facit. »

(2) Coemptio, confarreatio.

(5) Usus.

(4) « Concubina ab uxore dilectu separatur. » *Pauli Sentent.*, lib. 2, tit. 20. — « Concubinam ex sola animi destinatione æstimari opportet. » L. 4, ff. *De concubinis.*

(5) « In liberæ mulieris consuetudine non concubinatus sed nuptiæ intelligendæ sunt, si non corpore quæstum fuerit. »

question ici n'était pas frappé par les lois de la réprobation que le concubinage encourt parmi nous (1). Il jouissait même, sous certains rapports, des mêmes prérogatives que le mariage; mais, comme la puissance maritale n'avait jamais lieu à son égard, nous n'aurons pas à nous en occuper.

Quand les justes noces n'étaient pas suivies des solennités du droit, les femmes restaient sous la puissance de leur père, ou sous la tutelle de leur agnats; car telle était leur condition, qu'il fallait toujours qu'elles fussent sous puissance d'autrui. Elles vivaient alors comme des étrangères dans la famille de leur mari, qui n'avait de droits que sur leur personne sans en avoir sur leurs biens; et, si elles venaient à mourir, ce n'était ni leur mari ni leurs enfants qui recueillaient leur succession, mais leur père ou leur tuteur.

Rien, à coup sûr, ne répugne davantage aux idées que la civilisation nous a faites, que de considérer les femmes comme des *choses*, soumises, dans les mains du père, à toutes les conséquences du droit de propriété, et le mariage

---

(1) « Concubinatus per leges nomen assumpsit. » L. 3, ff. *De Concubinis*.

comme une vente qui fait passer ce droit du père au mari, ainsi que de vendeur à acquéreur.

Tels sont cependant les véritables caractères sous lesquels il faut bien que nous envisagions la puissance paternelle, le mariage et la puissance du mari chez les premiers Romains, si nous voulons voir un peu clair dans ces intéressantes antiquités de l'histoire du droit.

Tout le monde sait combien était absolue chez les Romains la puissance du père de famille. Le principe qui a fondé cette puissance est celui qui a présidé à la formation de toutes les sociétés antiques; c'est le droit du plus fort, du premier occupant; ce droit primitif et violent des porte-lances, ou *quirites*, en vertu duquel le père possède les enfants qu'il a engendrés, comme les terres qu'il a conquises, et dispose du tout suivant sa volonté ou son caprice.

La loi des XII Tables donne expressément au père droit de vie et de mort sur ses enfants (1). N'est-ce pas là ce *jus utendi et abutendi* qui caractérise chez nous le droit de propriété ?

Les enfants appartenaient donc au père, au même titre que ses esclaves, ses bestiaux et tous

---

(1) 4ᵉ table, l. 26.

ses autres biens ; s'il pouvait les tuer, à plus forte raison pouvait-il les léguer par son testament, les donner en gage à ses créanciers, et enfin les vendre. (1).

De ce que tous les principes relatifs au droit du propriétaire sur la chose acquise et possédée sont applicables à la puissance paternelle, il s'ensuit que tous les biens acquis par les enfants, à quelque titre et de quelque manière que ce soit, entrent immédiatement, et, par la seule force des choses, dans l'avoir du père. Ce sont, si l'on peut s'exprimer ainsi, des accessoires de la chose qui suivent le sort de la chose elle-même : *accessorium sequitur principale* (2).

---

(1) « Il y avait si peu de différence, aux yeux du père » quant à la propriété, entre les personnes et les biens, dit M. Granier de Cassagnac, dans son *Histoire de la Famille*, « que, « dans la langue des juristes, et jusqu'à la fin du vi° siècle, « le mot famille désignait les terres, et le mot argent les esclaves « et les enfants.... Un fragment des XII Tables, rapporté par « le jurisconsulte Paul, dans son 49° livre sur l'édit, reconnaît « le droit qu'a le père de disposer à son gré, en mourant, de « l'*argent* et de la *tutelle*, ce qui prouve que le mot argent désignait les enfants. »

(2) « Legum romanorum authores, liberos in manu parentum ad instar servorum esse voluerunt, neque suorum bonorum

Quand le fils de famille avait atteint un certain âge, il pouvait être émancipé, et les formes de cette émancipation méritent d'être remarquées. Une loi des XII Tables ayant déclaré indigne de conserver la puissance paternelle le père qui avait vendu son fils trois fois, le père qui voulait émanciper son fils le *vendait* fictivement trois fois de suite, et l'acheteur employait cette formule symbolique : « J'affirme que cet homme *m'ap-* « *partient* par le droit quiritaire. Je l'ai *acheté* « au prix de cette monnaie , avec cette balance « de cuivre. »

De même, si la femme voulait devenir maî-tresse de ses droits, elle épousait, par le rit de la *coemption*, un homme qui l'émancipait. J'ai tort de dire qu'elle *épousait*, car, dans ce cas, la *coemption* était si peu un mariage , qu'elle ne rompait même pas les justes noces que la femme pouvait avoir précédemment contractées. C'était encore une vente, et rien de plus.

Nous avons dit précédemment que les noces avaient quelquefois lieu sans la puissance mari-

---

ipsos esse dominos, sed parentes donec manu-mittantur, eo modo quo mancipia solent. » Sextus Empiricus.

« Adquiritur autem non solum per nos , sed etiam per eos quos in potestate, manu, mancipiove habemus. » Gaïus. *Comm.*, 2, § 86.

tale. Ici la puissance maritale avait lieu sans les noces.

Sauf le cas de ces émancipations dont nous ne trouvons la mention que dans Gaïus (*Comm.*, 1, § 114), et qui paraissent avoir été fort rares, la femme, quel que fût son âge, ne recouvrait pas sa liberté, comme le fils de famille, à la mort de son père (1).

La tutelle, qui, chez nous, est une charge imposée au tuteur, dans l'intérêt du pupille, était, au contraire, considérée à Rome, dans les premiers temps, comme une valeur profitable pour celui qui en était revêtu. Aussi, à la mort du père, et à défaut d'un testament qui en disposât autrement, la tutelle, soit de l'épouse, soit du fils en minorité, soit des filles, revenait-elle de droit aux agnats, c'est-à-dire aux parents du côté du père, qui étaient appelés, par la loi des XII Tables, à recueillir la succession.

Ces tuteurs, testamentaires ou légitimes, avaient-ils, sur la personne de leurs pupilles, tous les droits du père de famille ? C'est ce que nous

---

(1) « Veteres voluerunt fœminas, etiam si perfectæ ætatis sint, propter animi levitatem in tutelâ esse. » Gaïus, *Comm.*, 1, § 144.

n'oserions affirmer en l'absence de textes formels qui nous y autorisent; mais cela nous paraît tout-à-fait dans l'esprit de la législation d'alors, et, pour ce qui concerne les biens, nous dirons sans hésiter que la puissance tutélaire était, en tous points, semblable à la puissance paternelle.

La tutelle, en effet, était si bien une valeur dans les mains des agnats, qu'ils en pouvaient céder l'exercice, et qu'à la mort du cessionnaire, elle leur faisait retour (Gaïus, *Comm.*, § 168 et 172); d'un autre côté, la femme ne pouvait aliéner, s'engager, ni même tester, sans l'autorisation de son tuteur (Gaïus, *Comment.*, 2, § 47), tandis que celui-ci pouvait disposer des biens de sa pupille, qui, n'étant pas *sui juris*, n'avait jamais d'action contre lui.

Telles étaient, dans les premiers siècles de Rome, la puissance paternelle et la puissance tutélaire. Voyons maintenant comment elles se transmettaient au mari; parlons de ces solennités du droit civil, qui, lorsqu'elles accompagnaient les noces, avaient pour effet de faire sortir la femme de la famille et de la puissance de son père ou de son tuteur, pour la faire entrer dans la famille et sous la puissance de son mari, *in manu viri*.

2

Servius, qui vivait au IVe siècle, a mentionné, dans son commentaire sur le quatrième livre des *Georgiques de Virgile*, trois sortes de mariages qui réduisaient la femme *in manu*, à savoir : l'usage, *usus ;* la confarréation, *confarreatio*, et l'achat, *coemptio*. La vérité historique voudrait peut-être que ces trois rites fussent nommés dans un ordre contraire.

Le mariage par achat est, sans contredit, le plus ancien de tous; c'est aussi le plus généralement usité.

Le droit que s'attribuaient les pères de vendre leurs enfants, l'usage où étaient les maris d'acheter leurs épouses, se trouvent à l'origine de toutes les sociétés, et constituent l'une des principales bases de toutes les législations primordiales.

Chez les Hébreux, les Grecs, les Thraces, les Germains et tous les anciens peuples, le mariage se montre à nous avec les caractères d'un contrat de vente ou d'échange. Il paraissait tout naturel aux pères qui croyaient avoir la propriété de leurs enfants, d'en tirer le meilleur parti possible, et les hommes qui voulaient avoir des femmes étaient obligés de les payer à leur père.

Ainsi, nous lisons, dans la Bible, que l'intendant d'Abraham, allant demander Rebecca en mariage pour Isaac, part avec dix chameaux chargés de toutes sortes de richesses ; puis, quand il a donné des habits, des vases d'or et d'argent aux frères, à la mère, à la jeune fille elle-même, on lui dit, comme si on lui livrait une marchandise : « La voici devant vous, emportez-là et « partez. » *En Rebecca coram te, tolle eam, et proficiscere.*

Jacob sert Laban quatorze ans pour obtenir en mariage Lia et Rachel, ses filles. Sichem, pour obtenir Dina, promet de donner à Jacob tout ce qu'il lui demandera pour elle.

Dans l'*Iliade*, nous voyons Othrion acheter Cassandre à Priam, moyennant des secours pour soutenir le siége de Troye, et Sperchius acheter par de grandes richesses Polydora, fille de Pelée.

Dans l'*Odyssée*, Nélée achète Cloris, fille d'Amphion, et l'un des amants de Pénélope lui propose, pour vider leur différent, que celui-là soit son mari, qui pourra l'acheter le plus cher à son père.

Xénophon nous raconte comment le roi de Thrace, Theutès, ému pour lui de reconnaissance, lui proposa de lui donner sa fille en mariage et de lui acheter la sienne, ajoutant que telle était la loi des Thraces.

Dans la comédie des Acharnaniens, Aristophane nous montre un habitant de Mégare, apportant sur le marché d'Athènes ses deux filles enfermées dans un sac, et les vendant, l'une pour une botte d'ail, et l'autre pour un chenix de sel.

Le titre 6ᵉ de la loi Saxonne fixe à 3oo sous le prix d'une fille qu'on veut épouser; et le titre 12ᵉ de la loi Bourguignonne de Gondebaud, également très formelle sur la vente des filles, donne à la somme dont on les paie le nom de *prix nuptial*.

Enfin, chez les Allemands, l'expression *acheter*, pour épouser, s'est conservée jusqu'à la fin du moyen-âge (1).

Ces exemples pourraient être multipliés à l'infini.

A Rome, et au temps dont nous nous occupons, le mariage par achat était plutôt un rite, une consécration religieuse, un symbole, un souvenir des anciens usages, qu'une vente réelle; car il ne paraît point qu'il y eût de prix payé, par le mari qui achetait, au père qui vendait. A la vé-

---

(1) Encore, de nos jours, chez les indiens de la Guyanne, chez les Natchez, dans plusieurs tribus tartares, en Mingrélie, au Pégu, chez plusieurs peuplades nègres, en Afrique, etc., le mari achette sa femme et la femme devient une propriéte, une chose, une esclave de son mari.

rité, dans les cérémonies qui accompagnaient cette solennité, il était fait usage d'une balance et de pièces de monnaies ; mais ce n'était qu'un symbole, comme pour le testament *per æs et libram*, et l'émancipation par les trois ventes successives.

Quoi qu'il en soit, cette vente fictive produisait, quant à la puissance maritale, et à la substitution du mari dans les droits du père, tous les effets d'une vente réelle. La femme tombait *in manu viri*, selon la forte expression du droit. Elle devenait la chose du mari, et prenait place, dans son avoir, avant ses esclaves et ses bestiaux. S'il n'avait pas précisément sur elle le *jus utendi et abutendi*, il s'en fallait de bien peu ; deux lois attribuées par Denys d'Halicarnasse à Romulus, et rapportées au Code Papyrien sous les n°ˢ 23 et 24 (1), permettent au mari de juger sa femme et de la tuer, si elle s'est rendue coupable d'adultère, ou, chose fort étrange pour nous, si elle a bu du vin (2). Il pouvait vendre sa femme (*re-*

----

(1) Voyez Terrasson, *Histoire de la Jurisprudence romaine*, p. 49 et 50.

(2) Valère Maxime rapporte qu'un certain Egnatius Metellus condamna son épouse et la fit mourir parce qu'elle avait bu du vin, et que, loin que cette violence attirât une condamnation à Metellus, il n'en fut pas même blâmé.— Lib. 6., ch. 359.

mancipatione), comme Néron vendit son épouse Livie à Auguste (1), la prêter comme Caton prêta la sienne à Hortensius (2), ou, enfin, la léguer par testament en lui choisissant un tuteur (3).

Tels étaient les effets incontestables du mariage *coemptione*. Quant aux deux autres rites, *confarreatione* et *usu*, c'est une question, encore controversée aujourd'hui, que celle de savoir s'ils donnaient au mari la même puissance.

La confarréation était le mariage usité dans les familles sacerdotales, et celui que l'on tenait pour le plus solennel. Certains prêtres, comme le flamen de Jupiter et les vestales, ne pouvaient être choisis que parmi ceux dont les parents avaient été unis par la confarréation (4).

Les cérémonies de ce mariage se faisaient en présence de dix témoins, et on s'y servait d'un gâteau de froment que le prêtre de Jupiter faisait goûter aux deux époux. Ce partage d'un gâteau semble indiquer, entre les conjoints, une certaine égalité de condition qui a fait supposer à

---

(1) Tacite, *Ann.*, liv. 5, § 1.

(2) Plutarque, *Vie de Caton.*

(3) Gaïus, *Comment.* 1, § 149.

(4) Adam, *Antiquités romaines*, t. ii, p. 292.

quelques historiens (1) que la confarréation ne faisait pas tomber la femme sous la puissance maritale, au même titre que la coemption. Cette opinion s'est appuyée sur deux textes, dont l'un est une loi attribuée à Romulus, par Denys d'Halicarnasse, insérée au Code Papyrien, et portant qu'une femme, qui a été légitimement unie à un homme, par le sacrifice de la confarréation (*juxta leges sacras*), entre avec lui en participation des mêmes Dieux et des mêmes biens (*participem omnium bonorum et sacrorum.*)

L'autre texte est un passage du discours de Cicéron pour Flaccus, dans lequel le mariage par achat et le mariage par usage sont seuls mentionnés, comme donnant lieu à la *manus*.

Ce serait trop nous écarter de notre sujet, que de vouloir discuter cette question avec tous les développements qu'elle comporte. Nous nous bornerons à dire que, suivant nous, quelque spécieuses que puissent paraître, au premier abord, les inductions qui se tirent des deux textes cités, elles ne peuvent prévaloir contre un témoignage aussi positif que celui de Servius, qui dit

---

(1) V. Nougarède, *Histoire des Lois sur le Mariage*, et M. Granier de Cassagnac, *Histoire de la Famille*.

si formellement que trois sortes de mariages faisaient autrefois passer la femme sous la puissance de son mari, à savoir : la confarréation,
l'usage et la coemption. Gaïus dit, à peu près dans
les mêmes termes, qu'autrefois les femmes tombaient *in manu* de trois manières : par l'usage,
la confarréation et l'achat (1).

Enfin, Ulpien s'exprime ainsi : « Par la con-
« farréation (*farreo*), la femme (*uxor*) tombe
« sous la puissance de son mari (*convenit in ma-*
« *num*), au moyen de certaines paroles pronon-
« cées en présence de dix témoins, et d'un sacri-
« fice solennel, dans lequel on fait usage d'un
« pain de froment (*panis farreus*) (2). »

Vouloir douter après de pareilles autorités,
c'est, à coup sûr, porter loin le pyrrhonisme
de l'histoire (3).

---

(1) *Comment.*, 1, § 111.

(2) *Ulpiani fragmenta*, tit. 9 : « *De his qui in manu sunt.* »

(3) Qu'on ne dise pas qu'au temps de Gaïus et d'Ulpien, les
choses avaient pu changer ; nous voyons que Gaïus parle, non
pas de ce qui se faisait de son temps, mais de ce qui avait lieu
autrefois (*olim*). Certes, Gaïus n'était pas plus ignorant que
nous des antiquités du droit romain.

En y réfléchissant, la loi du Code Papyrien ne présente pas
une objection bien sérieuse ; la femme, qui, comme nous le verrons, occupait, dans la famille de son mari, la position d'une

Disons donc , avec Servius , Gaïus et Ulpien , que, par la confarréation comme par la coemption, la femme tombait sous la puissance maritale.

---

fille, devait participer à ses biens comme les enfants participent aux biens de leur père (*), c'est-à-dire en en jouissant avec lui.

Le mari pouvait faire participer sa femme à ses biens et en rester le maître ; il n'y a rien là d'inconciliable.

Le passage de Cicéron, si on le considère dans son entier, n'est pas plus embarrassant.

Valeria, femme de Sextilius , étant morte sans avoir fait de testament, on reprochait à Flaccus , qui était l'un de ses tuteurs, d'avoir agi comme si la succession lui appartenait.

La question était de savoir si Valeria était en puissance de mari (*in manu*), parce que, au cas contraire , sa succession pouvait être valablement recueillie par ses tuteurs. Cicéron, pour établir que Valeria n'était pas *in manu* , demande à ses adversaires si elle y est tombée par l'usage ou la coemption, et leur fait observer qu'elle n'a pu y tomber, ni par l'une, ni par l'autre de ces deux voies , parce qu'il aurait fallu , pour cela, le consentement de tous ses tuteurs, et que Flaccus , qui était du nombre , n'avait pas donné le sien.

On voit de suite que Cicéron ne parle pas ici en historien , mais en orateur ; qu'il n'avait pas à s'occuper de toutes les manières dont, en général , la *manus* pouvait s'établir, mais seulement de celles qui auraient pu la faire encourir à la femme de Sextilius; or, si, comme beaucoup le pensent (**), le rite de la

(*) « Quemadmodum enim in sacris paternis erant liberi, eaque sacrorum communio, cum patriá potestate et succedendi, erat conjuncta, ita Dyonisius Halycarn. Uxores confarreatas esse ait participes sacrorum pecuniæque. » (Heineccius, *De Marit. tutor, et curat. uxor.,* leg., cap. I, exercit. 25, §§ 14 et 15.)

(**) *Voir* les auteurs cités par Heineccius, qui est d'un sentiment contraire. (*Ant. rom.* L. I, tit. X. § 3)

Y tombait-elle aussi par l'usage ?

Le mariage par usage ou par prescription, *usu*, doit être considéré comme un annexe du mariage par achat, et il vient confirmer l'idée de propriété, de chose possédée, qui, dans le mariage romain, s'attache si fortement à la condition de la femme.

C'était, en effet, chez les Romains (comme du reste ce l'est encore parmi nous), une manière d'acquérir la propriété équivalente à l'achat, que de posséder un objet, sans trouble, pendant un certain temps. Ce que nous appelons prescription, ils l'appelaient *usucapio*.

Suivant la loi des XII Tables, l'usucapion rendait propriétaire d'une chose celui qui l'avait possédée pendant deux ans, si cette chose était un immeuble, ou pendant un an seulement, si

---

confarréation n'était en usage que dans les familles sacerdotales, et si Valeria n'appartenait point à une de ces familles, il était vrai de dire qu'elle ne pouvait tomber *in manu* que par l'usage ou la coemption.

Adam, qui a su faire entrer beaucoup de science dans deux petits volumes, cite le passage de Cicéron pour preuve que, de son temps, la confarréation était peu usitée, et ne songe aucunement à en tirer la conséquence que ce rite ne donnât pas lieu à la *manus* (*).

(*) V. *Antiq. rom.*, t. II, p. 292.

c'était un objet mobilier. Usus. AUCTORITAS. FUNDI. BIENNUM. ESTO. COETERARUM. RERUM. ANNUS. (L. 42ᵉ de la 6ᵉ table.) C'est précisément à la suite de la loi que nous venons de citer, et sur une table exclusivement relative aux ventes, aux possessions et aux revendications, qu'on trouve la loi qui porte que lorsqu'une femme, maîtresse d'elle-même, a demeuré pendant un an entier dans la maison d'un homme, sans avoir fait une absence de trois nuits, elle est réputée son épouse. MULIERIS. QUÆ. ANNUM. MATRIMONII. ERGO. APUD. VIRUM. REMANSIT. NI. TRINOCTIUM. AB. EO. USURPANDI. ERGO. ABESSIT. USUCAPTA. ESTO.

Cette absence de trois nuits, « *trinoctium usurpatio*, » comme l'appelait le droit romain, répond au trouble, qui, de nos jours encore, interrompt la prescription Toute interruption d'usucapion était appelée usurpation par les Romains (1), comme l'usucapion était souvent appelée usage (*usus.*)

Ainsi, la femme romaine est complètement assimilée à tout autre objet mobilier, quant à la manière dont la propriété peut s'en acquérir par usage ou par usucapion, deux mots synonymes dans le langage du droit romain.

---

(1) « Usurpatio est usucapionis interruptio. » L. 2, ff. *De Usurp. et usucap.*

Maintenant, quels étaient les effets du mariage par usage ?

Nous avons vu que Servius et Gaïus citent l'usage en même temps que la coemption et la confarréation, comme faisant passer la femme en puissance maritale. Le passage de Cicéron, que nous avons cité plus haut, ne peut, d'ailleurs, laisser aucun doute sur ce point, puisque l'orateur reconnaît que Valeria avait pu tomber par l'usage sous le pouvoir de son mari, si ses tuteurs y avaient donné leur consentement.

C'était donc un effet commun aux trois sortes de rites usités pour le mariage chez les Romains, de faire naître la *manus*, c'est-à-dire de faire passer la femme sous la puissance de son mari, comme une vente fait passer aux mains de l'acheteur l'objet acquis, avec subrogation dans tous les droits du vendeur.

Nous avons déjà parlé de cette subrogation, quant aux droits sur la personne de la femme ; il nous reste à en développer les conséquences, quant aux biens qu'elle possédait lors de son mariage ou qu'elle pouvait acquérir par la suite.

Le jurisconsulte Gaïus, qui vivait sous le règne

de Marc-Aurèle, résume par un mot très remarquable toute cette partie de l'ancien droit, *filiæ locum obtinebat.* (Comm. 2, § 111); elle devenait comme la fille de son mari; ainsi, sa position ne changeait pas. Ce qu'elle avait été dans la famille de son père, elle l'était encore dans la famille de son mari. On ne pouvait, certes, exprimer d'une manière à la fois plus significative et plus conçise, cette substitution qui se faisait du mari dans tous les droits du père.

Dès que la femme est devenue la fille de son mari, elle lui succédera comme une fille succède à son père, comme *sua hæres*. Elle succédera à ses enfants à titre de sœur; et c'est à ce même titre qu'ils viendront à sa succession. Quant à son père, ou son tuteur, elle leur est devenue étrangère, ils n'ont rien à attendre de sa succession, et elle ne leur succédera point; si son mari meurt avant elle, elle ne rentrera pas sous leur puissance, mais elle restera dans sa nouvelle famille, et passera sous la tutelle des agnats de son époux qui sont devenus les siens. Enfin, cette situation de fille de son mari, que lui a faite la loi, devient la règle de tous ses droits, et cela va même si loin, que, comme elle est la sœur de ses enfants, elle est la petite-fille de son beau-père, et que c'est à lui qu'elle appar-

tient si son mari est encore en puissance paternelle (1).

Nous avons dit plus haut que tous les biens
acquis par les enfants appartenaient au père; de
même, tous les biens que la femme possède lors
de sa venue en puissance de mari, tous ceux
qu'elle acquiert depuis, à quelque titre que ce
soit, sont dévolus de plein droit au chef de famille qui l'adopte, c'est-à-dire au mari, si le mari
est maître de ses droits, et au père du mari, si
le mari est encore sous la puissance de son père;
car le droit de propriété ne peut pas plus résider
sur la tête de la femme qui n'est pas *sui juris*, que
sur celle du fils, *in potestate* (2).

Telle était la *manus* aux premiers siècles de
Rome.

Ce système n'a qu'un mérite, c'est d'être logique et en parfait accord avec les autres bases du

---

(1) « Uxor quoque, quæ in manu est, sua hœres est quia
filiæ loco est. Item nurus, quæ in filii manu est, nam et hæc
neptis loco est. Sed ita demum erit sua hœres, si filius, cujus
in manu erit, cum pater moritur, in potestate ejus non sit. Idem
que dicimus, et de ea quæ in nepotis manu, matrimonii causa,
sit, quia pro neptis loco est. » (Gaïus, *Comment.* 3, § 3.)

(2) Voir M. Laboulaye, *Histoire de la Propriété foncière en
Occident*, liv. 4, ch. 5, et M. d'Hautuille, *Revue de Législation*,
t. VII, p. 507.

droit, les idées reçues, et tous les faits sociaux contemporains.

Du reste, c'est un régime, sinon d'oppression calculée pour les femmes, au moins de dépendance et d'infériorité tel qu'on cherche vainement la limite qui sépare leur condition civile d'avec celle de l'esclave. C'est un état qui ne leur offre, ni protection pour leur personne, puisque leur mari devient à la fois leur juge et leur bourreau, ni garantie pour la conservation de leur dot, puisque celui-ci, qui en est seul propriétaire, en peut disposer comme il veut.

Nous allons examiner, dans une seconde section, comment le régime dotal a pu naître au milieu d'un pareil état de choses.

SECTION DEUXIÈME.

De l'origine du régime dotal chez les Romains.

Entre le régime de la *manus* et le régime dotal, la distance est énorme.

La *manus*, en effet, implique, comme nous l'avons vu, la confusion des biens de la femme dans ceux du mari, et la plus entière disposition du tout donnée à ce dernier.

Ce qui caractérise le régime dotal, au contraire, c'est la séparation toujours permanente des patrimoines de chacun des époux; c'est la conservation de la fortune de la femme, pendant l'association conjugale, à l'écart de toutes les chances que peut courir celle du mari; c'est, enfin, l'obligation imposée à celui-ci de rendre, à la dissolution du mariage, l'apport de la femme, tel qu'il l'a reçu au moment de sa célébration.

Comment le régime dotal a-t-il pu succéder à la *manus*? Comment ces fiers Quirites se sont-ils laissé imposer un joug qui, de nos jours, et avec nos mœurs adoucies, paraît encore pesant aux maris qui le supportent?

C'est là un problème dont l'histoire va nous donner la solution, en nous montrant la conservation des dots intimement liée à l'intérêt de la république, cette loi suprême, cette *ultima ratio* devant laquelle tout, à Rome, pliait et s'effaçait.

Mais cela demande quelques développements.

Denys d'Halicarnasse, au 3ᵉ livre de ses Antiquités, rapporte un fait qui nous paraîtrait à peine croyable si nous nous rendions mal compte de ce qu'étaient, dans les premiers siècles de Rome, la

puissance des idées religieuses et la crainte des
Aruspices.

« Il est certain, dit-il, (je traduis textuellement),
« que, pendant les 520 premières années qui sui-
« virent la fondation de Rome, aucun divorce
« n'eut lieu. Ce fut seulement sous la 137ᵉ olym-
« piade (1), M. Pomponius et C. Papyrius étant
« consuls, que Sp. Carvilius, qui n'était pas un
« homme obscur, forcé par les censeurs à prêter
« serment de se séparer de sa femme parcequ'elle
« était stérile, donna le premier exemple de di-
« vorce. A cause de cela, et quoiqu'il y eût été
« contraint par la nécessité, Carvilius fut toujours
« depuis détesté par le peuple. »

Il est sans doute fort étonnant que ce peuple,
à qui ses lois civiles permettaient le divorce (2),
soit demeuré plus de cinq siècles sans y avoir eu
recours une seule fois. Cependant, comme le témoignage de Denys d'Halicarnasse est confirmé
par ceux de Valère Maxime (3) et d'Aulu-Gelle (4),

---

(1) 255 ans avant Jésus-Christ.

(2) La 5ᵉ loi du Code Papyrien, attribuée par Plutarque à Romulus, autorise le divorce pour le cas où la femme a empoisonné
ses enfants, fait fabriquer de fausses clefs, ou commis l'adultère.

(3) Liv. 2, ch. 4.

(4) Liv. 4, ch. 3.

3

il faut bien tenir le fait pour constant. D'ailleurs Plutarque, dans ses *Questions romaines*, nous apprend que les cérémonies de la diffarréation étaient lugubres et effrayantes, qu'elles avaient toutes pour objet d'exprimer l'indignation céleste et d'en conjurer les effets. C'était donc une opinion reçue à Rome, que les Dieux voyaient avec colère la dissolution d'un mariage contracté suivant les rites sacrés. D'un autre côté, le droit civil, d'accord en cela avec les mœurs, autorisant l'entretien d'une, ou peut-être même de plusieurs concubines (1), concurremment avec l'épouse légitime, et celle-ci étant tenue dans une dépendance qui n'avait pour limites que la volonté du mari, le désir de divorcer devait naître moins souvent.

Il est certain, toutefois, qu'après que Carvilius Ruga qui, comme l'atteste Denys d'Alicarnasse, n'était pas un homme obscur, eut donné, avec l'autorité des censeurs, l'exemple d'un premier divorce, et quelle qu'ait été l'indignation du peuple, causée par cette violation des mœurs et des lois religieuses, ou plutôt, encore, comme le fait observer Montesquieu (2), par cette faible con-

---

(1) L. 144, au Digest. « *De verborum signif.* »
Voyez aussi M. Granier de Cassagnac, *Hist. de la famille*.

(2) *Esprit des lois*, liv. 16, chap. 16.

descendance pour un pouvoir détesté, les divorces devinrent, à Rome, dans les siècles suivants, d'une fréquence extrême. Pour le plus léger motif, on répudiait sa femme. L'épouse de Sulpicius Gallus avait paru sans voile dans la rue, celle de Q. Antitius Verus avait eu une conversation avec une affranchie mal famée, celle de Sempronius Sophus avait été au spectacle à l'insu de son mari ; toutes furent répudiées (1). Quand on demandait à Paul-Emile pourquoi il répudiait Papyria, si belle et si vertueuse, il répondait : « Ce soulier « n'est-il pas beau, bien fait et neuf ? Personne « parmi vous ne sait où il me blesse (2). »

Enfin, tout le monde connaît ces vers dans lesquels Juvenal se plaint de l'inconstance des Romains de son temps, et de la facilité avec laquelle ils répudiaient leurs femmes dès que l'âge avait terni le premier éclat de leur beauté :

« Tres rugæ subeant et se cutis arida laxet ;
« Fiant obscuri dentes, oculique minores ;
« Collige sarcinulas, dicet libertus ; et exi.
« Jam gravis es nobis, ut sœpè emungeris: exi
« Ocius et propera ; sicco venit altera naso (3).

---

(1) Valère Maxime, liv. 6, ch. 5, § 9, 10 et 11.

(2) Plutarque, sur Paul-Emile.

(3) Satire 6.

Si ces exemples nous montrent de quels frivoles prétextes s'autorisait à Rome l'inconstance des maris, nous voyons, par celui de Carvilius, que les censeurs, loin de combattre un si fâcheux penchant, semblaient le favoriser en ajoutant aux motifs déjà trop fréquents de répudiation suggérés par le relâchement des mœurs, un autre motif puisé dans un intérêt public d'accroissement de population, celui de la stérilité.

Les passions seules trouvèrent leur compte dans cet encouragement donné à la dissolution des liens conjugaux. La république n'y gagna rien, et le dépeuplement, cette grande plaie de toutes les nations guerrières, fit, à Rome, sous la double influence de la guerre étrangère et du déréglement des mœurs, d'inquiétants progrès.

Loin d'y porter remède, la fréquence des divorces ne pouvait que l'accroître, et voici pourquoi :

Par l'effet de la *manus*, tous les biens de la femme, et tous ceux que, durant le mariage, elle avait pu acquérir, entraient dans l'avoir du mari, et devenaient sa propriété exclusive ; si le mariage se dissolvait par la mort de celui-ci, la femme, lui succédant à titre de fille, trouvait dans sa succession de quoi fournir une nouvelle dot à un nouvel époux, et pouvait contracter un second mariage; mais, si c'était une répudiation qui mettait fin à la *manus*, la femme, en quittant le domicile de son mari, n'en emportait rien; car le mari avait *gagné* la dot, suivant une expression qui s'est longtemps conservée dans le droit; et comme, d'un autre côté, d'après la loi Voconienne, elle ne succédait pas à ses parents, elle se trouvait réduite au plus complet dénuement(1).

Que de malheureuses femmes, ainsi dépouillées, souffrissent toutes les privations de la misère, c'était ce dont, à Rome, on ne s'inquiétait guère, les femmes étaient si peu de chose aux yeux des législateurs d'alors! Mais, n'ayant plus de dots à offrir à la cupidité des hommes, elles ne trouvaient plus à contracter de justes noces, et étaient perdues pour la fécondation de la République. Là, on vit un danger dont les prêteurs s'émurent, et qui donna naissance à cette maxime

---

(1) Voyez Montesquieu, *Esprit des Lois*, liv. 26, ch. 6.

Il résulte d'un passage d'Aulu-Gelle (*Nuits Attiques*, liv. 17, ch. 6), que ce fut M. Caton, le censeur, qui fit rendre la loi Voconienne. Or, M. Caton naquit 233 ans avant Jésus-Christ, c'est-à-dire précisément l'année du divorce de Carvilius. Cette indication nous donne à peu près la date de la loi Voconienne, qui ne fut abrogée que par Constantin.

fameuse que, sans la comprendre, on cite encore
de nos jours : *Il importe à la République de conserver la dot des femmes, afin qu'elles puissent
se remarier.* « REIPUBLICÆ INTEREST DOTES MULIE-
« RUM SALVAS HABERE PROPTER QUAS NUBERE POS-
« SUNT (1). »

Cette maxime mérite qu'on lui donne une
grande attention, car elle est le fondement du
régime dotal.

Pomponius l'a commentée ainsi :

« La cause de la dot est toujours et partout
« préférée à tout autre ; car il est de l'intérêt
« public de conserver aux femmes leurs dots,
« d'autant qu'il est absolument nécessaire qu'elles
« en aient pour pouvoir donner des enfants à
« l'État, et repeupler la République. *Dotium
« causa semper et ubique perpetua est, nam et
« Reipublicæ interest dotes mulierum conservari,*

---

(1) L. 2, ff. *De Jure dotium. Nubere* s'appliquant à la femme
mariée (Mulier), ne peut s'entendre que des seconds mariages,
et, cependant, des premiers mots de cette loi romaine, nos jurisconsultes ont fait une maxime à l'usage de toutes les causes
dans lesquelles il s'agit de la dot d'une femme. Mais, parmi ceux
qui en font usage, il en serait peut-être fort peu qui pourraient
citer la loi tout entière, et dire en quoi la conservation des dots
peut intéresser l'état.

« *cum dotatas esse fœminas ad sobolem procrean-*
« *dam, replendamque liberis civitatem maxime*
« *sit necessarium* (1). »

C'est à la suite de ces paroles de Pomponius
que, dans le Digeste de Justinien, se trouvent
ces autres paroles d'Ulpien : « *Soluto matrimonio,*
« *solvi mulieri dos debet.* » Lors de la dissolution
du mariage, la dot doit être rendue à la femme.

Ces textes font voir l'enchaînement des idées.

La République dépeuplée demande aux mariages la fécondation de son territoire ; mais l'ava-
rice des Romains n'accepte pour épouses que
les femmes richement dotées. Il importe donc à
la République de conserver la dot des femmes,
afin que, si elles deviennent veuves, elles puissent
convoler à de secondes noces, et fournir ainsi à
l'État de nouveaux rejetons.

Dans nos sociétés modernes, où la terre, divi-
sée jusqu'à l'infini, ne suffit plus à nourrir ceux
qui la cultivent, où les arts de la paix sont en
honneur, où l'armée n'est qu'un corps dans l'Etat
et la guerre qu'un accident, où les femmes sont
aimées avec un sentiment jaloux qui, même hors

---

(1) Liv. 1, ff. *Soluto matrim. quomodo dos pet.*

du mariage, produit des liaisons durables, et où
tous les enfants, quelle que soit l'irrégularité de
leur naissance, prennent place comme citoyens
dans l'État, nous comprenons peu ce besoin d'accroissement de population qui s'est fait sentir
chez tous les anciens peuples. C'est pourtant là
un fait qu'il est impossible de méconnaître, et
dont l'histoire de toutes les législations primitives
nous fournirait au besoin de nombreux témoi-
gnages.

Chez les Hébreux, par exemple, à vingt ans
il fallait prendre femme, et ceux-là même qui de-
meuraient veufs avec des enfants, n'étaient pas
dispensés de se remarier, si leur âge et leur santé
leur permettait d'en avoir encore. « Celui qui
« ajoute une ame au peuple d'Israël, bâtit pour
« ainsi dire le monde », disait un proverbe (1).

Les Perses accordaient toujours des récompenses
aux pères et mères qui enrichissaient l'État par
une postérité nombreuse. Nous en trouvons
plusieurs exemples dans Strabon, Hérodote et
Nicolas de Damas.

---

(1) Quand, dans sa vieillesse, Elisabeth devient mère, elle
s'écrie : *Ita mihi fecit Dominus, hoc tempore quo ad me res-*
pexit, ad tollendam ignominiam meam inter homines. —
Liv. 1, 25.— La stérilité était une ignominie !

La même chose se pratiquait chez les Grecs, où le besoin d'augmenter la population allait jusqu'à faire donner des encouragements au concubinage.

Enfin, les Lacédémoniens avaient une loi qui exemptait de toutes charges et impositions publiques ceux qui avaient plus de quatre enfants (1).

Ainsi, encourager l'accroissement de la population semble avoir été la pensée dominante de tous les anciens législateurs, et avoir constitué la principale base de leur économie politique.

Chez les Romains, il en a toujours été de même, et, dès le règne de Tullus Hostilius, une loi, insérée depuis au Code Papyrien, autorisait ceux qui avaient trois enfants mâles, vivant en même temps, à les faire élever aux dépens de la République, jusqu'à ce qu'ils eussent atteint l'âge de puberté ; loi fort sage pour le but qu'on se proposait, car c'est ordinairement par la crainte de ne les pouvoir élever facilement, que les gens mariés évitent d'avoir beaucoup d'enfants.

Lors de la guerre contre Porsenna, tous les citoyens qui avaient des enfants à élever furent

____

(1) Voyez Terrasson, sur la 32e loi du Code Papyrien et Heineccius ad leg. *Papiam Poppæam*, lib. 1, cap. 2.

dispensés d'y contribuer, soit de leur personne, soit de leurs biens ; enfin, Cicéron (1) et Aulu-Gelle (2) nous apprennent qu'une des principales fonctions des censeurs consistait à poursuivre les célibataires et à adresser cette interpellation à tous les citoyens : *Ex animi tui sententiâ, tu uxorem habes ?*

Nous verrons plus tard d'autres encouragements accordés par les lois à la fécondité. Mais déjà nous en avons dit assez pour indiquer sous l'influence de quelles circonstances et de quels principes le régime dotal s'est établi dans la législation romaine, et y a développé ses conséquences.

Si, maintenant, nous comparons la chronologie de la jurisprudence avec celle de l'histoire, nous pourrons remarquer que ce fut surtout à des époques où la République épuisée sentait plus impérieusement le besoin d'un accroissement de population, que de nouveaux moyens de protection et de nouvelles garanties étaient donnés par les lois à la conservation des dots.

Le premier pas fait dans cette voie a suivi de fort près le divorce de Carvilius Ruga.

---

(1) *De Orat.*, lib. 2, cap. 259.
(2) Lib. 10, cap. 20.

C'était l'époque où Rome, maîtresse de l'Italie, après les guerres Samnite et Tarentine, venait d'engager avec Carthage cette lutte sanglante qui lui a coûté tant de ses citoyens, tous alors soldats.

Un certain Servius Sulpicius, à ce que nous apprend Aulu-Gelle, publia sur les dots un livre que nous n'avons plus, et dans lequel il démontra la nécessité d'obliger les maris de rendre à leurs femmes, quand ils les répudiaient, les biens qu'elles leur avaient apportés.

Ce fut, comme nous l'apprend encore Aulu-Gelle, à l'époque et à l'occasion du divorce de Carvilius, que ce livre fut écrit (1), et nous voyons effectivement les préteurs donner des actions pour qu'en cas de divorce, les femmes puissent reven-

---

(1) Ce passage d'Aulu-Gelle est assez important, pour que nous le fassions connaître dans son entier :

« *Memoriæ traditum est, quingentis fere annis post Ro-* « *mam conditam, nullas rei uxoriæ neque actiones neque* « *cautiones, in urbe Româ, aut in Latio fuisse : quia profecto* « *nihil desirabantur, nullis etiam tunc matrimoniis diverten-* « *tibus. Servius quoque Sulpicius, in libro quem composuit* « *de dotibus, tum primum cautiones rei uxoriæ necessarias* « *esse visas scripsit; cum Sp. Carvilius, cui Ruga cognomen-* « *tum fuit, vir nobilis, divortium cum uxore fecit, quia* « *liberi ex eâ, corporis vitio, non gignerentur.* « — Lib. 4, cap. 9.

diquer leur dot, si elles jouissent de leurs droits, ou que leur père puissent les revendiquer pour elles, si elles sont encore sous puissance paternelle (1).

Ces actions (*actiones rei uxoriæ*) ne sont pas encore le régime dotal tel que nous le comprenons dans notre droit français; car, chez nous, le mari est aussi bien tenu, sous le régime de la communauté que sous le régime dotal, de rendre, lors de la dissolution du mariage, la dot à la femme (ou à ses héritiers); toute la différence consiste en ce que, s'il n'y a pas communauté, il rendra la dot telle qu'elle lui aura été apportée, sans diminution ni augmentation.

Mais si, parmi nous, où la femme est considérée comme l'égale, la compagne, l'associée du mari, l'union des personnes semble appeler la confusion et la communauté des biens, à Rome, au contraire, pour peu qu'on se rende compte de l'état de la société et des mœurs, on com-

---

(1) « Divortio facto si quidem sui juris sit mulier, ipsa habet actionem rei uxoriæ, id est dotis repetitionem, quod, si in potestate patris sit, pater adjuncta filiæ persona habet actionem (revera) : nec interest adventitia sit dos aut profectitia. » Ulpian. regul., tit. 6, *De Dotibus*, § 6.

prendra aisément que le régime dotal était seul admissible.

En effet, le long usage de la *manus* avait habitué les femmes à un tel état de dépendance et d'infériorité, qu'elles ne pouvaient avoir aucune part à l'administration des biens communs.

Reléguées avec les esclaves, dans l'*atrium* de leurs demeures, occupées comme elles, et quelle que soit d'ailleurs la condition de leurs époux, à filer la laine (1) et aux soins les plus vils du ménage, vivant tout-à-fait en dehors des habitudes et des occupations de leurs maris, il est certain qu'elles n'avaient même pas sur eux l'autorité du conseil, ni cette douce et si puissante influence que la confiance, la tendresse et l'affection leur donnent parmi nous (2).

---

(1) On sait que filer la laine était l'occupation des dames romaines les plus riches et les plus nobles. Le fuseau, entouré de laine, jouait un rôle symbolique dans les cérémonies du mariage. Quand Sextus et Collatus vinrent à l'improviste surprendre Lucrèce, ils la trouvèrent filant de la laine au milieu de ses femmes. (Tit. Liv. 1, pag. 7 ; Ovide, *Fastes*, 11, 741.) Auguste ne portait jamais que des vêtements tissés par sa femme et par ses filles

(2) Si l'on veut, par un seul exemple, se former une juste idée de ce qu'était, aux plus beaux temps de la république romaine, la condition des femmes, il faut lire ce que Plutarque

Plus on étudie la vie privée des Romains, plus
on demeure convaincu que, chez eux, le mariage
n'était qu'un moyen de donner des citoyens à

nous raconte de la manière dont le sage et vertueux Caton d'U-
tique disposa de la sienne en faveur de son ami Hortensius. Ce
trait nous paraît si caractéristique de la manière dont les femmes
étaient encore considérées dans les derniers temps de la république, et le style du traducteur Amyot lui prête, d'ailleurs,
tant de charmes, que nous n'hésitons pas à le reproduire en
entier :

« Entre plusieurs qui aimoyent et admiroyent les vertus de
« Caton, il y en avoit qui le monstroyent et le découvroyent les
« uns plus que les autres, comme Quintus Hortensius, person-
« nage de grande autorité et homme de bien, lequel désirant
« estre, non-seulement amy privé et familier de Caton, ains
« aussi son allié, en quelque sorte que ce fust, et joindre, par
« quelque affinité, toute la maison de lui à la sienne, tascha de
« lui persuader qu'il lui baillast, en mariage, sa fille Porcia,
« laquelle étoit ja mariée à Bibulus, et lui avoit ja fait deux en-
« fants, pour y semer aussi, ne plus ne moins qu'en une terre
« fertile, de sa semence, et en avoir de la race; lui remonstrant
« que cela sembloit bien un peu estrange de prime face quant
« à l'opinion des hommes, mais, quant à la nature, qu'il étoit
« honneste et utile *à la chose publique* qu'une belle et hon-
« neste jeune femme, en la fleur de son aage, ne demourast
« point oiseuse, laissant esteindre son aptitude naturelle à con-
« cevoir, ny, aussi, ne faschat ni n'appauvrit point son mary en
« lui portant plus d'enfants qu'il n'en n'auroit de besoing, et
« que, en communiquant ainsi les uns aux autres les femmes
« idoines à la génération, à gens de bien, et gens qui en fussent
« dignes, la vertu vînt à se multiplier davantage, et à s'espandre
« en diverses familles, et la ville, conséquemment, à s'en mes-

l'État, des défenseurs à la patrie. Ce sentiment
jaloux et exclusif qui, parmi nous, fait d'une
femme une compagne pour la vie entière, n'était

« ler, unir et incorporer en soy mesme davantage par alliance ;
« mais si, d'aventure, Bibulus aimoit tant sa femme qu'il ne la
« voulust point quitter entièrement, il la lui rendroit inconti-
« nent après qu'elle lui auroit fait un enfant, et qu'il se seroit
« conjoint par un plus étroit lien d'amitié, moyennant ceste
« communication d'enfants, avec Bibulus mesme et avec luy.

« Caton fit response qu'il aimait bien Hortensius, et auroit
« bien aggréable son alliance, mais qu'il trouvoit estrange qu'il
« lui parlast de lui bailler sa fille pour en engendrer des en-
« fants, veu qu'il savoit bien qu'elle étoit mariée à un autre.
« Adonc, Hortensius, tournant le propos, ne faignit point de
« lui descouvrir son affection, et lui demander sa femme, la-
« quelle était encore assez jeune pour porter des enfants, et
« Caton en avoit déjà suffisamment : et si ne sçauroit-on dire
« que Hortensius feist cette poursuite, à cause qu'il s'aperceust
« que Caton ne feist compte de Marcia, car elle était lors en-
« ceinte de lui : mais tant y a que, voyant le grand désir et la
« grande affection que Hortensius en avoit, il ne la luy re-
« fusa point. Ains lui répondit qu'il fallait, donc, que Philippus,
« père de Marcia, en fust aussi content, lequel entendant que
« Caton s'y consentoit, ne voulut point néanmoins lui accorder
« sa fille que Caton lui-mesme ne fust présent au contract et sti-
« pulant avec lui... Plus tard... Caton, ayant sa maison et ses
« filles besoing de quelqu'un qu'il les gouvernast, reprit en-
« core Marcia, qui, lors, étoit veuve, et avait beaucoup de
« biens, pour ce que Hortensius, venant à mourir, l'avoit insti-
« tuée son héritière. »

On voit qu'une seule chose a frappé Plutarque, dans cette sur-
prenante histoire, c'est que la vertu de Caton et sa renommée

pas connu chez eux. Vivant toujours au dehors, dans les rues et sur les places publiques, ne se distrayant du soin des affaires et des discussions du Forum que par ces honteuses orgies dont Juvénal et Pétrone nous ont transmis le souvenir, et où les femmes n'apparaissent qu'en qualité de prostituées, ou bien comme l'épouse de Trimalcion, pour recevoir les outrages de leurs maris, et être témoins de leurs débauches (1),

---

aient été assez éclatantes pour avoir inspiré à Hortensius le désir de mêler son sang avec le sien. Du reste, il paraît trouver tout simple que Caton dispose ainsi de sa femme, sans même l'avoir consultée et avoir obtenu son assentiment.

Pour nous, rien ne nous paraît mieux caractériser la différence des mœurs entre cette époque et la nôtre, que ce prêt d'une femme, ainsi consenti, en arrière d'elle, par son père et son mari, vertueux tous deux, mus tous deux par les intentions les plus pures et les plus droites, jaloux seulement de ne pas contrarier un homme de bien, qui voulait *avoir de la race des Caton*, et de *ne pas laisser oiseuse une belle et honneste jeune femme, en la fleur de son aage.*

(1) Dans un festin, que Pétrone suppose donné par un nommé Trimalcion, et dont il décrit minutieusement tous les détails, Fortunata, l'épouse de ce Trimalcion, ne se montre qu'à la fin du repas, parce qu'elle s'est occupée à ranger l'argenterie, et à partager les restes entre les valets. Trimalcion, qui est ivre, fait des legs à tous ses domestiques, puis à sa femme, qu'il confond avec eux dans ce même mot, famille « *familia* ». Quelque temps après, entre un jeune garçon, auquel Trimalcion prodigue les caresses les plus passionnées; Fortunata, jalouse, adresse des

ayant, d'ailleurs, leurs maisons peuplées d'esclaves et d'affranchies toujours prêtes à recevoir leurs caresses et à leur offrir des plaisirs qu'une étrange dépravation, commune du reste à toute l'antiquité, leur faisait le plus souvent chercher dans des liaisons hors nature ; ils ne pouvaient connaître ces joies intimes du foyer domestique, ces relations d'estime, de confiance et d'amour où les grâces de son sexe donnent à la femme qui conseille et qui prie, souvent plus d'autorité qu'au mari qui décide et ordonne. Pour eux, la femme ne pouvait jamais être une associée. C'était un être fort subalterne, complètement étranger aux affaires, aux plaisirs, et ordinairement aux affections du mari ; mais utile pour perpétuer sa race et peupler la république, que le père de famille accueillait, et que la loi protégeait à cette seule intention.

Tout le monde comprendra que, dans un pareil état de choses, le régime dotal fût seul pra-

---

reproches à son mari, qui lui jette une coupe au visage et l'accable d'injures, sans que personne songe à prendre sa défense, ni que Pétrone, lui-même, paraisse blâmer la conduite de son héros.

Il ne faut pas que le dégoût que nous inspirent de pareils tableaux, nous empêchent d'en apprécier la signification au point de vue historique.

4

ticable, et que la femme, qui n'avait aucune part aux affaires du mari, ne dût ni profiter ni souffrir de ses bonnes ou de ses mauvaises fortunes.

Il fallait que la loi veillât pour elle à la conservation de sa dot; il fallait qu'elle empêchât le mari d'y porter atteinte, afin qu'après avoir servi à celui-ci, durant le mariage, à en soutenir les charges, elle pût être du même secours à ceux qui viendraient, après lui, féconder la femme pour l'avantage de la République (1).

Les moyens pris par la loi pour atteindre ce but furent :

1° La défense faite au mari de rendre la dot à la femme pendant le mariage ;

2° La défense faite à la femme de s'obliger pour son mari ;

3° L'inaliénabilité et l'imprescribilité du fonds dotal;

4° Enfin, l'hypothèque légale.

---

(1) Chez les Romains, et à cette époque, dit Montesquieu, c'était la destinée des femmes de passer successivement dans les mains de plusieurs maris, qui en tiraient, chemin faisant, le meilleur parti possible. (*Lettres persanes*, 116.).

Disons quelques mots de chacune de ces mesures, dont l'ensemble a constitué le régime dotal.

Plusieurs auteurs n'ont voulu voir, dans la défense de restituer la dot, qu'une conséquence des dispositions qui, dans le droit romain, interdisaient, d'une manière absolue, les avantages entre époux.

Il est certain que la dot étant devenue la propriété du mari, la rendre à la femme, durant le mariage, c'eût été lui faire une sorte de donation; mais, en y regardant de plus près, on trouve bien des différences entre les deux prohibitions. Ainsi, la donation entre époux était validée par le prédécès du mari, mort en persistant dans la même volonté; la restitution anticipée de la dot ne l'était jamais (1). Ainsi, il y avait lieu à répétition des fruits et intérêts de la dot restituée avant le temps (2), tandis que les choses données par un époux à l'autre ne pouvaient être répétées. Ainsi, encore, la prohibition de restituer la dot souffrait des exceptions que ne connaissait point la prohibition générale des donations entre

(1) L. 1, § 3, ff. *De dote prælegata*.

(2) L. unic. Cod. *Si const. matrim.*

époux (1), et ces exceptions sont faites précisément pour le cas où l'usage que la femme fera de sa dot sera pour elle d'une si grande utilité, qu'on ne pourra la considérer comme perdue. « *Manente matrimonio* : disait Paul, NON PERDITURA *uxori dos reddi potest, ut sese suosque alat, ut fundum idoneum emat, ut, in exilium, vel insulam relegato, parenti præstet alimonia ; aut ut egentem virum, fratrem, sororemve sustineat* » (2).

Ainsi, la prohibition de restituer la dot avait, dans le droit romain, un motif tout spécial, qui ne s'appliquait pas à la prohibition générale des avantages entre époux, et qui, comme nous l'avons dit, consistait dans la crainte que la dot rendue intempestivement à la femme ne fût dissipée par elle.

Mais, sans avoir pendant le mariage la disposition actuelle de sa dot, la femme aurait pu contracter, sous l'influence et au profit de son mari, des obligations pour l'exécution desquelles elle

---

(1) V. l'art. de M. d'Hautuille, *Revue de Législation*, t. 7, page 323.

(2) La conservation du fonds dotal n'est assurée chez nous que par son inaliénabilité durant le mariage, et cette inaliénabilité souffre, à peu près, les mêmes exceptions que souffrait la défense de restituer la dot chez les Romains. (V. l'art. 1558 du Code civil.)

se serait trouvée engagée, au moment de la dissolution du mariage.

Un fragment d'Ulpien, qui forme la loi 2 au Digeste : « *Ad senat. Velleianum* », nous apprend qu'il y eut d'abord un édit porté par Auguste, suivi d'un autre porté par l'empereur Claude, qui défendait aux femmes de s'obliger pour leurs maris, et qu'ensuite, on fit un sénatus-consulte par l'effet duquel elles se trouvèrent mises parfaitement à l'abri contre ces sortes d'obligations.

Ce sénatus-consulte est devenu trop célèbre dans le droit, sous le nom de *sénatus-consulte Velléien*, pour que nous ayons besoin d'en occuper longtemps nos lecteurs. On sait qu'il proscrivait, d'une manière absolue, les obligations contractées par les femmes, soit pour leurs maris, soit pour tous autres ; qu'il leur interdisait, non seulement de contracter des dettes, mais de cautionner celles contractées par d'autres ; qu'elles ne pouvaient non plus céder les priviléges ou les hypothèques de leur dot, ni renoncer aux actions que la loi leur donnait pour se la faire restituer (1).

C'en était assez pour assurer aux femmes la

---

(1) Digest., lib. 16, tit. 1 : *Ad senat. cons. Velleian.*

conservation de leur créance dotale. Comme leur dot n'avait pu leur être restituée pendant le mariage ; comme, d'un autre côté, elles n'avaient pu consentir d'obligations qui permissent, soit au mari de la retenir, soit à des tiers de s'en emparer pour se payer, sur elle, des dettes contractées envers eux, les femmes se trouvaient toujours, lors de la dissolution du mariage, qu'elle eût pour cause le divorce ou le prédécès du mari, dans toute la plénitude de leurs droits pour réclamer la restitution de leur dot, soit de leur mari, soit de ses héritiers.

Mais ce n'est pas tout que d'avoir une créance, il faut pouvoir l'exercer ; et, si le mari avait vendu le fonds dotal, s'il en avait dissipé le prix, s'il était devenu insolvable, les droits de la femme devenaient illusoires. Elle perdait sa dot.

Pour prévenir ce danger, il ne restait au législateur romain d'autre moyen que celui de rendre la dot inaliénable dans les mains du mari.

La loi Julia, promulguée sous Auguste, déclara que les fonds dotaux, situés en Italie, ne pourraient, durant le mariage, être vendus sans le consentement de la femme, ni hypothéqués, même avec ce consentement ; et Justinien, effaçant ces distinctions entre la vente et l'hypothèque, les fonds italiques et les fonds des provinces, décida, d'une manière absolue, que le bien dotal, en quelque lieu qu'il fût situé, ne pourrait jamais être vendu ni hypothéqué pendant le mariage, même avec la permission de la femme.

Alors, si, malgré cette défense, le mari avait vendu les immeubles dotaux, la femme pouvait faire révoquer les aliénations et reprendre son bien, en quelques mains qu'il fût passé.

Mais tout n'était pas encore prévu, car si la dot, induement aliénée, consistait en capitaux ou en mobilier, la femme ne pouvait pas toujours la retrouver.

Justinien lui donna, pour ce cas, une hypothèque légale sur les biens propres à son mari, au moyen de laquelle elle pouvait les faire vendre, et toucher, sur leur prix, de préférence à tous autres créanciers, l'équivalent de sa dot.

Une fois ce dernier pas fait, le régime dotal se trouva constitué avec tous les caractères qui le distinguent encore dans notre droit; car alors comme aujourd'hui, la femme était assurée de retrouver sa dot tout entière, entre les mains de son mari, lorsque le mariage viendrait à se dissoudre.

L'inaliénabilité de la dot, et, par inaliénabilité, nous entendons la défense de l'hypothéquer aussi bien que celle de la vendre, étant, chez nous, le principal caractère du régime dotal, et ce en quoi ce régime diffère surtout de celui de la communauté, nous devons faire connaître, avec quelques détails, de quelle manière elle s'établit dans la législation romaine.

SECTION TROISIÈME.

Inaliénabilité du fonds dotal chez les Romains.

Jamais la cité romaine ne s'était trouvée encore aussi dépeuplée qu'elle le fut sous les règnes de César et d'Auguste.

Les discordes civiles, les proscriptions, les triumvirats, l'avaient plus affaiblie qu'aucune guerre qu'elle eût encore faite.

Il restait peu de citoyens, dit Montesquieu, et la plupart n'étaient pas mariés (1).

Il faut dire aussi que, jamais, plus de causes n'avaient concouru à éloigner les citoyens du mariage.

----

(1) *Esprit des Lois*, liv. 25, ch. 21.

Pour des hommes étrangers aux tendres émotions de la paternité et de la vie de famille, qui ne cherchaient dans l'union des sexes que le plaisir des sens, et regardaient les femmes comme indignes d'un amour véritable(1), le mariage n'offrait que des embarras sans compensation, tandis que le célibat, qui permettait de disposer, en mourant, de sa fortune entière, se voyait entouré de prévenances et d'égards, sans doute intéressés, mais fort profitables dans ces temps de cupidité et d'ambition (2). D'un autre côté, les femmes, traitées en esclaves, avaient pris des mœurs d'esclaves. Sans attachement pour des maris qui les méprisaient, sans intérêt pour l'avenir d'une famille dont elles pouvaient être chassées d'un moment à l'autre, et qu'elles-mêmes pouvaient quitter quand bon leur semblait (3),

---

(1) « L'union légitime de l'homme avec la femme, comme étant nécessaire à la génération, est, à bon droit, louée par les législateurs, qui en disent bien devant le commun populaire ; mais, quant au vrai amour, les femmes n'y ont aucune part. » Plutarque, *Traité de l'Amour.*

(2) « Satis prætii est orbis, quod multà securitate, nullis oneribus, gratiam, honores, cuncta prompta et ocia habent. » Tacite, lib. 15, § 29.

(3) Dans les derniers temps de la république, les femmes pouvaient, à Rome, répudier leur mari, comme les maris pouvaient répudier leur femme. Nous en trouvons un exemple dans une lettre de Cicéron à Atticus : Decimus Brutus, écrit Cicéron, a reçu le libelle de sa répudiation le soir même de son retour de l'Asie.

vivant au jour le jour, gaspillant la fortune de leurs époux dans les frivolités d'un luxe désordonné, se livrant, sans pudeur et sans frein, à des débauches de toutes sortes(1), combien ces Romains, si avares, si soupçonneux, si jaloux de leur indépendance et si emportés dans leurs plaisirs, ne devaient-ils pas redouter de s'unir à elles par les liens toujours sérieux du mariage?

Aussi, le censeur Métellus Numidius, dans une harangue qu'il faisait au peuple en faveur du mariage, ne trouvait-il rien de mieux à dire que ceci : « S'il était possible de n'avoir point de « femmes, nous nous délivrerions de ce mal; « mais, comme la nature a établi qu'on ne peut « guère vivre heureux avec elles, ni subsister sans « elles, il faut avoir plus d'égards à notre con- « servation qu'à des satisfactions passagères (2.) »

Vaine et stérile recommandation; car, par la considération de l'intérêt public, on exposera bien sa vie; mais on ne prendra pas une femme et on n'élèvera pas des enfants.

Jules César, parvenu à la dictature, et effrayé du petit nombre des citoyens dont il venait de

---

(1) V. Heineccius. ad leg. pap. popp., l. 1, cap. 2, § 12.

(2) Aulu-Gelle, liv. 1er, ch. 6.

faire le recensement, crut que, pour encourager au mariage, il suffirait de remettre en vigueur les anciennes lois, et d'accorder des récompenses à la fécondité.

Ces mesures n'arrêtèrent pas les progrès du mal, et, lorsqu'Auguste se fut emparé de la puissance souveraine, son premier soin fut d'imposer de nouvelles peines à ceux qui n'étaient point mariés, et d'augmenter les récompenses de ceux qui l'étaient, de ceux, surtout, qui avaient des enfants (1). Mais les lois sont souvent impuissantes à réformer les mœurs, et les chevaliers romains, ne trouvant qu'une gêne dans celles dont nous venons de parler, en demandèrent à grands cris la révocation. Pour mettre fin à leurs clameurs, Auguste se rendit un jour au milieu d'eux, et, ayant fait mettre d'un côté ceux qui étaient mariés, et de l'autre ceux qui ne l'étaient pas, le nombre de ces derniers se trouva être si nombreux, que tous s'en étonnèrent et se trouvèrent confondus. Alors, Auguste, avec la gravité des anciens censeurs, fit une longue harangue(2), après quoi il rendit ces lois fameuses, appelées de son nom, « *lois Juliennes* », et des

---

(1) Montesquieu, *Esprit des Lois*, liv. 23, ch. 21.

(2) Cette harangue est rapportée par Dion, lib. 26.

noms des consuls de cette année-là, « *lois Pa-piennes Poppéennes* », qui, suivant Montesquieu, forment, à elles seules, la plus belle partie des lois civiles des Romains (1), et qui, cependant, manquèrent leur but, parce qu'en opprimant les citoyens, elles ne changèrent pas les mœurs.

A une époque où on faisait de l'érudition pour le seul plaisir d'en faire, on s'est beaucoup inquiété de savoir quelle place occupait, parmi ces lois Juliennes et Poppéennes, la loi Julia *de Adulteriis* et *de Fundo dotali*, qui prohibait l'aliénation du fonds dotal.

Ce qui est certain, c'est que cette dernière loi a été rendue par Auguste, ainsi qu'Ulpien nous l'apprend au 48e livre du Digeste (I. 1er, tit. 5.); et il suffit de la rapprocher des autres lois Juliennes, pour reconnaître entre elles communauté de but et d'origine.

En effet, d'après les lois Juliennes, les pères étaient obligés de doter leurs filles, et les femmes veuves ou divorcées étaient forcées de se remarier.

Quand donc un père, contraint par le préteur, avait fourni une dot à sa fille, il fallait bien que cette dot servît à tous les maris qu'elle pouvait

---

(1) Montesquieu, *Esprit des Lois*, liv. 23, ch. 21.

être successivement obligée d'épouser. De là, la nécessité de conserver la dot, et, pour la conserver, de la rendre inaliénable.

Mais, à force de vouloir favoriser les mariages, les lois Juliennes dépassèrent le but, et devinrent odieuses aux Romains.

Auguste, voyant la république épuisée d'argent en même temps que de citoyens, et voulant remplir à la fois les coffres de l'œrarium et les tables censitaires, inventa des fiscalités nouvelles pour punir les infractions à ces lois, de façon que le dégoût que l'on avait déjà pour une chose qui paraissait accablante, fût augmenté par celui de se voir continuellement en proie à l'avidité du fisc.

Enfin, les empereurs, qui, d'ailleurs, eurent quelquefois à souffrir personnellement des entraves de ces lois (1), furent obligés de les adoucir.

---

(1) Tibère étant vieux et voulant épouser Agrippine, fille de son frère Germanicus, fut obligé de modifier le chef de la loi Papia Poppæa, qui défendait le mariage entre hommes sexagénaires et femmes quinquagénaires, et de faire rendre un sénatus-consulte pour autoriser le mariage des oncles avec leurs nièces.

Avant d'épouser la comédienne Théodora, Justinien fut également obligé de faire abroger le chapitre de la loi Papia Poppæa, qui défendait de prendre pour épouses les femmes qui étaient montées sur le théâtre (Terrasson, *Hist. de la Jurisp. romaine*, p. 246 et 295).

Tibère(1), Trajan(2), Sevère(3), y apportèrent successivement des modifications, et, sous l'empire des idées chrétiennes, Constantin les abolit presqu'en tous points (4). Enfin, Justinien leur porta le dernier coup, en déclarant valables tous les mariages qu'elles avaient défendus (5).

Il semble que la loi Julia *De fundo dotali*, qui se liait si intimement à tout ce système de législation, aurait dû périr avec lui.

En effet, sous les empereurs chrétiens, le célibat, depuis si longtemps poursuivi par les amendes des censeurs et par les pénalités des lois Juliennes, était exalté comme une union plus sainte que le mariage, comme l'union la plus intime de l'ame à Dieu (6).

Les secondes noces n'étaient plus considérées que comme une incontinence licite, et, loin d'être

----

(1) V. Tacite, *Annales*, liv. 3, p. 117.

(2) Pline, *Panegyr.*, 36.

(3) Tertulien, *Apologet.*, ch. 4.

(4) L. 1, C. *De infirm. pœnis cælibatus.*

(5) L. 27, c. *De Nuptiis.*

(6) « Aliud est, *s'écriait Tertulien*, si et apud Christum, legibus Juliis, agi credunt et existimant cœlibes et orbos, et testamento Dei, solidum non posse capere. » *De Monogamia*, p. 583

obligatoires comme autrefois, elles étaient à peine tolérées. Le législateur du Bas-Empire, Justinien, les regarde même comme funestes (1), et, dans plusieurs de ses Novelles, il accorde des avantages aux veuves qui ne se remarient point (2).

Et cependant, loin d'abolir la loi Julia *De fundo dotali*, qui n'avait été faite qu'en vue des seconds mariages, il lui donne une consécration et une extension nouvelles.

Ainsi, la prohibition d'aliéner ne concernait que les biens dotaux situés en Italie; il l'étend aux biens situés dans les provinces. La vente était permise avec le consentement de la femme; il la défend, même avec ce consentement (3), diffé-

______

(1) « Matre jam secundis nuptiis funestatâ. » L. 3, § 1er, cod. *De secund. Nupt.*

(2) V. notamment nov. 118, cap. 5, et nov. 127, cap. 3.

(3) « Dotale prœdium maritus, invitâ muliere, per legem Ju-
« liam prohibetur alienare, quamvis ipsius sit dotis causâ ei da-
« tum. Quod nos, legem Juliam corrigentes, in meliorem sta-
« tum deduximus. Cum enim lex in solis tantummodo rebus lo-
« cum habebat quæ Italicœ fuerant, et alienationes inhibebat
« quæ, invitâ muliere fiebant, hypothecas autem earum rerum,
« etiam volente eâ, utrique remedium imposuimus, ut, etiam
« in eas res, quæ in provinciale solo positæ sunt, interdicta sit
« alienatio vel obligatio. » Institut., lib. 2, tit. 8 : *Quibus*
« *alienare licet*.

V. aussi L. unic., C. *De rei uxoriœ actione*, lib., 5, tit. 13.

rence capitale, et qui seule sépare, dans notre droit, le régime dotal du régime de la communauté ; puisque, aux termes de l'art. 1428 du Code civil, les biens personnels de la femme mariée en communauté, ne peuvent être vendus sans son consentement.

Pour comprendre la raison de cette anomalie, il faut se rendre compte de la lutte qui existait encore au temps de Justinien, entre les souvenirs de l'ancien droit et les principes de la société nouvelle fondée par le Christianisme.

En associant la femme aux mêmes devoirs, en l'appelant aux mêmes destinées que l'homme, le Christianisme l'avait élevée à la même dignité, et l'avait constituée son égale.

Considéré de ce point de vue, l'ancien droit qui reposait, quant au mariage et à la puissance du mari, sur des principes tout opposés, ne pouvait plus être compris.

Mais, sans le comprendre, souvent on le suivait encore, et c'est ainsi que Justinien, trouvant la dotalité établie, et voulant, sous l'influence des idées chrétiennes, améliorer la condition des femmes, ne crut pouvoir mieux faire en leur faveur que de renforcer ce régime qui, s'il n'avait pas été originairement créé dans leur intérêt, leur offrait cependant un incontestable moyen de protection.

Voilà ce qui, selon nous, explique l'extension donnée par cet empereur aux dispositions de la loi Julia, sur l'inaliénabilité du fonds dotal.

Sans doute, pour placer les femmes au rang qu'elles étaient appelées à remplir dans la société nouvelle, il pouvait bien y avoir quelque chose de mieux à faire que d'entraver ainsi la circulation de leurs biens, et de paralyser leur dot dans les mains de leurs maris. Les époux s'unissant l'un à l'autre par des liens qui, sous la consécration religieuse, tendaient à devenir indissolubles, devant vivre de la même vie et être deux dans la même chair, suivant la belle expression de l'Evangile(1), ne semble-t-il pas que l'union des personnes demandait l'union des biens, et qu'en associant leurs destinées, on devait associer leurs fortunes ?

Mais, nous le répétons, au temps de Justinien, les principes de cet ancien droit civil, dont les applications semblaient déjà si absurdes et si barbares, ne laissaient pas que d'exercer encore une grande influence sur les bases de la législation.

____

(1) Matt., chap. 19, v. 3.

Depuis que la découverte toute récente des institutes de Gaïus (1) nous a mis à même de bien connaître l'histoire du droit romain, rien n'est plus curieux à observer que cette lutte, continuée jusqu'au sein de la civilisation et du christianisme, contre une législation vieillie que les Romains respectaient encore pour son ancienneté, quand ils ne pouvaient plus comprendre ses principes générateurs.

On voit cette lutte commencer timidement sous la République par le droit prétorien, qui *rusait*, en quelque sorte, avec l'ennemi qu'il n'osait attaquer en face, et qui puisait souvent, dans la loi elle-même, les moyens de l'éluder; qui, par exemple, invitait le fils qui voulait être émancipé à se faire vendre trois fois de suite par son père, ou la femme que gênait la tutelle de ses agnats, à employer les formes de la coemption pour s'en affranchir.

----

(1) Les Institutes de Gaïus, depuis longtemps perdues, ont été retrouvées en 1816, par deux illustres allemands, MM. Niebuhr et Savigny, dans la bibliothèque du chapitre de Vérone. Un moine du moyen-âge avait lavé, de son mieux, le parchemin qui les contenait, pour leur substituer *les épîtres de S. Jérôme*. Des tentatives réitérées ont fait revivre l'ancienne écriture, et les vraies institutes de Gaïus ont été rendues au monde savant, presque dans leur intégrité.

La lutte s'établit ensuite , sous l'influence des écoles philosophiques , avec le droit des gens , si bien représenté par les jurisconsultes des règnes de Marc-Aurèle et d'Alexandre Sevère, qui savent toujours se mettre à côté de la loi pour dire mieux que la loi, et dont les réponses aux consultations qu'on leur adresse obtiennent elles-mêmes , par la force de la raison , l'autorité législative.

Puis viennent, enfin, les empereurs chrétiens, éclairés par un flambeau divin, mais barbares et ignorants , qui, sans respect pour les sources de l'ancien droit dont ils ont perdu le sens, sans égard pour les subtilités prétoriennes dont ils ne comprennent plus les intentions, guidés seulement par un instinct civilisateur, et effrayés de l'immensité des lois que l'autorité législative , donnée aux réponses des prudents et aux constitutions impériales , ont multipliées à l'infini , sentent, avant tout , le besoin d'en réduire le nombre , et entreprennent des Codes et des Digestes, dans lesquels ils font entrer pêle-mêle , et souvent sans un grand discernement, des lois empruntées à tous les âges et puisées à toutes les sources.

C'est là ce que, de l'aveu de tous , a fait Justinien.

Grand guerrier , grâce à Bélisaire et à Narsès, Justinien se crut aussi grand législateur par la grâce de son ministre Tribonien. Mais Tribonien était avare et vendait la justice (1); en outre, il était courtisan et cherchait à flatter les passions de son maître, qui lui-même subissait la domination de cette comédienne éhontée que, sans respect pour les mœurs ni pour la loi, il avait arrachée aux jeux du cirque et aux prostitutions du Libarum, pour l'associer à son empire, qu'il citait avec complaisance dans ses constitutions comme étant son conseil dans le gouvernement (2), et qui, enfin, comme le dit Jean Zonaras, « était « non moins, mais peut-être plus puissante que « lui. »

Sans prendre à la lettre tout ce que Suidas, Procope, Evagrius, et tous les auteurs qui ont écrit l'histoire de Justinien nous disent de la médiocrité de son esprit, sans admettre avec eux qu'il participât au trafic infâme de Tribonien dans la vente à prix d'or des jugements et des lois (3), à tout le moins pourrons-nous dire que

____

(1) V. Hugo. *Histoire du droit Romain*, et les auteurs cités par lui, § 389.

(2) V. entr'autres le ch. 1er de la Novelle 8.

(5) Montesquieu est loin de l'épargner : « La mauvaise con- « duite de Justinien, dit-il, ses profusions, ses vexations, ses « rapines, sa fureur de bâtir, de changer, de réformer, son in- « constance dans ses desseins, un règne dur et faible, devenu

son autorité, comme jurisconsulte, ne peut être d'un grand poids, et que c'est pour une loi une faible recommandation que d'avoir été rendue par lui(1).

« incommode par une longue vieillesse, furent des malheurs « réels, mêlés à des succès inutiles et à une vaine gloire. »

Plus loin, l'auteur de l'*Esprit des Lois* fait la remarque que, sous ce règne, l'on a vu, dans le cours de quelques années, la jurisprudence varier davantage qu'elle n'a fait dans les trois cents dernières années de notre monarchie. « Ces variations, ajoute-t-il, sont la plupart sur des choses de si petite importance, qu'on ne voit aucune raison qui eût dû porter un législateur à les faire, à moins qu'on n'explique ceci par l'histoire secrète, et qu'on ne dise que ce prince vendait également ses jugements et ses lois. » (*Grandeur et décadence des Romains*, ch. 20.)

(1) C'est surtout dans les lois concernant la condition des femmes, que les jurisconsultes ont cru voir percer l'influence qui dominait le prince et gouvernait l'Etat. Ils citent comme exemple d'une injuste partialité pour ce sexe si longtemps opprimé et en faveur duquel s'opérait, au temps de Justinien, une réaction légitime dans son principe, mais quelquefois inconsidérée dans ses moyens, la fameuse loi *assiduis* (l. 12, cod. *Qui potior. in pign. hab*), qui donnait la préférence à la femme, pour la répétition de sa dot, sur tous les créanciers de son mari, même sur ceux antérieurs au mariage, iniquité monstrueuse, puisque chacun, en se mariant, pouvait ainsi rendre illusoire le gage de ses créanciers !

Dans le préambule de cette loi, Justinien énumère, avec toute l'emphase orientale, les titres des femmes à sa sollicitude.

« *Quis enim*, s'écrie-t-il, *earum non misereatur, propter obsequia quæ mariti præstant, propter partus periculum et ipsam liberorum procreationem.* »

Et, cependant, de nos jours, les partisans du régime dotal citent encore avec emphase le nom de Justinien, et il semblerait, à les entendre, qu'il y a sacrilége à discuter une institution qui lui doit son origine.

Quand bien même, et c'est ce que, avec l'appui de Montesquieu et de tous les historiens que nous venons de citer, nous nous permettons de contredire, l'autorité de ce législateur mériterait toute l'importance qu'on veut bien lui donner, encore faudrait-il se demander d'abord, si, d'après l'état où se trouvait, de son temps, la propriété foncière dans la domination romaine, les considérations d'économie politique qui s'élèvent, de nos jours, contre l'inaliénabilité des fonds dotaux, pouvaient être d'un grand poids, et, ensuite, si cette inaliénabilité fut jamais consacrée par ces lois d'une manière aussi absolue qu'elle l'est aujourd'hui par le régime dotal du Code civil.

Disons d'abord quelques mots de la propriété :

La division du territoire, faite par Romulus, entre les terres de propriété limitée et privée, *agri limitati, divisi, assignati* ou *agri privati* et les terres du domaine public, *agri arcifinales* ou *agri publici* (1), subsistait encore au temps de Justinien ; seulement le trésor du prince (*fiscus*) avait remplacé le trésor du peuple (*ærarium*) ; les biens de la République étaient devenus les biens de l'empereur, les *fundi fiscales*, *fundi rei privatæ*, avaient pris la place des *agri publici*, et ce domaine impérial, incessamment accru par les conquêtes de territoire, les biens vacants, les successions caduques, et, plus que tout. le reste, les amendes et les confiscations, avait fini par tout envahir.

Comme autrefois l'*ager publicus*, le domaine de l'empereur était imprescriptible ; l'édit du préteur confirmait, à la vérité, les transmissions qui s'opéraient entre possesseurs ; mais les lourds impôts qu'ils payaient, en nature d'abord, *vectigalia*, en argent plus tard, *tributa*, avertissaient ces mêmes possesseurs que leur titre était pré-

---

(1) « Après avoir divisé son peuple en tribus et les tribus en « curies, Romulus partagea le sol en trente portions égales, et « assigna une de ces portions à chaque curie. Du surplus des « terres, il attribua au culte une part convenable, et laissa le « reste à l'Etat. » (Denys d'Halic., *Art. lib.*, 5, § 1er.)

On sait que les terres qui constituaient la propriété privée étaient limitées, d'après certains rites empruntés aux usages étrusques, tandis que celles du domaine de l'Etat n'avaient d'autres limites que les limites naturelles.

caire, et qu'un jour ou l'autre, le caprice du prince pouvait (comme si souvent autrefois le caprice du peuple), leur enlever, par de nouvelles lois agraires, cette terre souvent fécondée par de longs travaux, enrichie par des plantations, embellie par des édifices.

D'un autre côté, la contribution foncière était devenue si énorme, qu'elle rendait la petite propriété impossible. Salvien nous représente la classe des petits propriétaires libres, étranglée par les liens du fisc, comme par les mains des voleurs, *tributorum vinculis quasi prædomum manibus strangulata* (1)

Aux rigueurs de l'impôt se joignait, pour ces petits propriétaires, la charge des fonctions curiales, si honorées sous la République, mais si redoutées sous l'empire, qu'il fallut en venir à condamner des malfaiteurs à les remplir(2).

Aussi l'Italie était-elle devenue déserte, et les provinces encore plus. Les terres sans valeurs s'offraient à qui les voulait cultiver, mais les cultivateurs manquaient, et les riches les acqué-

---

(1) *De Gubernat. Dei*, lib. 4.

(2) V. le Code de Justinien, lib. 10, tit. 51.

raient à vil prix , pour accroître leurs immenses domaines.

Ces misères de la propriété avaient donné naissance au colonat ; l'esclave avait été attaché au sol, et on lui avait accordé une demi-liberté, sous la condition de cultiver cette terre abandonnée. Le barbare avait été accueilli au même titre au sein de l'Italie , et , comme les terres étaient alors la valeur la plus commune, c'était avec des terres données en emphytéose que l'État soldait les services ou les dépenses publiques (1).

Maintenant, nous le demandons, qu'importait, dans un pareil état de choses, l'inaliénabilité du fonds dotal ?

Déjà les biens des décurions , ceux composant le pécule des colons, ceux donnés en emphytéose, ne pouvaient être vendus sans le consentement du *judex* (2) , du patron (3) ou du propriétaire (4).

---

(1) V. pour plus de détail sur ce qui précède , un Mémoire très remarquable de M. Edouard Laboulay, couronné en 1838 , par l'Académie des Inscriptions et Belles-Lettres , et ayant pour titre : *Histoire de la propriété foncière en Occident.*

(2) L. 1er, cod. *De Præd. Decur. sin decret. non alien.*

(3) L. C. *In quib. caus. col.*

(4) L. 5 , C. *De jure emphyt.*

Que fesait une entrave de plus parmi tant d'entraves, et que pouvait être, pour ces biens sans valeurs, et possédés à titre précaire, ce besoin de circulation qui rend nos économistes si impatients de l'inaliénabilité dotale ?

Ajoutons à cela que cette inaliénabilité n'était pas alors ce qu'elle est aujourd'hui.

Ainsi, quand le bien dotal avait été vendu durant le mariage, si la femme décédait la première, et si le prix de la dot avait profité au mari, l'aliénation ne pouvait être révoqué (1). Elle ne pouvait l'être non plus, même au cas où la femme survivait, si le mari lui avait fait un legs pour lui tenir lieu de son bien dotal (2).

Enfin, d'après le droit des Novelles, l'aliénation était encore valable quand la femme l'avait approuvée, et que, deux ans après, elle avait réitéré son consentement, pourvu toutefois que les biens du mari fussent suffisants pour répondre de la dot (3).

---

(1) L. 17, ff. *De fund. dot.*

(2) L. 77, § 5, ff. *De leg.* — *Pandectes* de Potier ; lib. 23, tit. 5.

(3) Novel. 61.

D'un autre côté encore , les priviléges de la dot n'étaient donnés qu'à la femme elle-même , et ne passaient point à ses héritiers (1 .

Le régime dotal du Code civil ne connaît, ni ces distinctions , ni ces restrictions ; et , sauf quelques rares exceptions dont nous avons parlé plus haut (2), non-seulement la femme qui s'y est soumise, ou ses héritiers, peuvent , après la dissolution du mariage , faire révoquer l'aliénation du fonds dotal consentie pendant sa durée, mais le mari peut demander aussi cette révocation , et alors même que le mariage dure encore (3).

Ce serait donc bien à tort qu'on voudrait se prévaloir du régime dotal de Justinien pour défendre celui du Code civil. Ils diffèrent tout à-la-fois, et par les principes qui les constituent l'un et l'autre , et par les effets qu'ils produisent.

Il y a plus , et nous verrons au paragraphe suivant qu'en même temps que Justinien apportait au régime dotal romain sa dernière sanction par l'inaliénabilité absolue des biens de l'épouse , il

---

(1) L. unic., cod. *De priv. dot.*, nov. 61 et 91.

(2) Voir la note 2 de la page 32.

(3) Art. 1360 du Code civil.

faisait subir, à ce même régime, une modification capitale, en consacrant la plus complète assimilation entre la dot apportée par la femme au
mari, et une donation à cause de noces, faite
par le mari à la femme.

SECTION IV.

*Du dernier état de la législation romaine sur la
puissance paternelle, la puissance maritale et
les statuts matrimoniaux.*

Devenue capitale de l'empire, Constantinople
avait conservé le nom et le fantôme des institutions romaines; mais, en réalité, les hommes,
les choses, les idées, tout était changé.

Le christianisme avait, suivant l'expression du
prophète, renouvelé la face de la terre, et une
révolution complète s'était opérée dans les lois
aussi bien que dans les croyances et dans les
mœurs (1).

____

(1) Il faut lire, sur ce sujet, un excellent article de M. Ch.
Poubaër, inséré dans le neuvième vol. de la *Revue de Législation*, et ayant pour titre : *Influence du Christianisme sur le
droit.*

Nous ne nous occuperons de cette révolution qu'autant qu'elle concerne l'objet de nos recherches, et encore sera-ce à pas très rapides que nous mesurerons la distance qui sépare l'époque à laquelle la femme esclave de l'homme, *chose* de l'homme, était achetée et vendue par lui comme un objet de son commerce, et celle où, élevée à sa dignité, elle pouvait traiter avec lui d'égale à égal.

Toutefois, avant de parler de la puissance du mari, nous avons quelques mots à dire de celle du père; car ces deux pouvoirs ont toujours eu, entre eux, une étroite liaison, et nous avons vu que c'est dans la puissance paternelle que la *manus* avait trouvé autrefois son principe et son origine, le mari prenant sur la femme achetée les droits du père qui l'avait vendue.

Depuis longtemps, à l'époque à laquelle nous sommes arrivés, les pères n'avaient plus droit de vie et de mort sur leurs enfants.

Sous Trajan, un père avait été contraint à libérer son fils de sa puissance, parce qu'il l'avait traité inhumainement, *contra pietatem* (1). Sous Adrien, un père qui avait tué son fils à la chasse,

______

(1) L. 5, digest. *Si à parent, quis manumiss. sit.*

parce qu'il s'était rendu coupable d'adultère avec sa belle-mère, fut condamné à la déportation (1). Alexandre Sévère écrivait à un père : « Votre puissance paternelle vous donne le droit de châtier votre fils, et, s'il persévère dans sa conduite, vous pouvez, recourant à un moyen plus sévère, le traduire devant le président de la province, qui prononcera contre lui la punition que vous demanderez (2). » Enfin, on trouve au Code une constitution de Constantin, qui condamne aux horribles peines du parricide le père qui aurait tué son enfant.

Le droit que les pères s'étaient arrogé de vendre leurs enfants, avait également subi d'importantes modifications. Au temps du jurisconsulte Paul, il fallait, pour qu'il s'exerçât, que le père y fût contraint par la misère et le besoin de se procurer des aliments. *Contemplatione extremœ necessitatis aut alimentarum gratiá* (3). Constantin voulut, de plus, que la vente se fît au moment de la naissance, quand les enfants étaient *sanguinolentes* (4); et Justinien, en faisant inscrire au

---

(1) L. 5, digest. *De lege Pompeia de parricidiis.*

(2) L. 3, cod. *De patriá potestate.*

(3) Sent., lib. 5, tit. 1er, § 1.

(4) L. 2, cod. : *De patrib. qui filias suas distrax.*

Code la Constitution de Constantin, conserva ce dernier droit encore si barbare.

L'abandon des enfants par leur père, en réparation du dommage qu'ils avaient causé, subsistait encore au temps de Paul, mais pour les fils seulement (1); et, au temps de Justinien, il était entièrement tombé en désuétude. (2).

Voilà pour les personnes; quant aux biens, les fils de famille n'avaient, sous la République, que leur pécule profectice, composé de biens, dont le père leur laissait précairement et par tolérance l'administration et l'usage, mais qui ne cessaient point de lui appartenir. Ils commencèrent, sous les premiers empereurs, à jouir de tous les droits de la propriété sur les biens qu'ils avaient acquis aux armées, et qui formaient ce qu'on appelait leur pécule castrans; *filii familias*, disait une loi devenue un axiome : *in castrensi peculio, vice patrumfamiliarum fungantur* (3).

Plus tard, et à l'imitation du pécule castrans, on leur accorda les mêmes droits sur d'autres biens qui leur formèrent aussi un pécule appelé

(1) Sentent., lib. 2, tit. 54, § 9.
(2) Inst., lib. 4, tit. 8, § 7.
(3) L. 2, digest. : *De senat. macedoniano.*

par Constantin : *quasi-castrense*, et dans lequel cet empereur fit entrer tout ce que les officiers du palais gagnaient pendant leurs fonctions (1). Ce pécule quasi-castrans, fut, par la suite, successivement étendu à beaucoup d'autres professions, et, enfin, le même Constantin institua un quatrième pécule, le pécule adventice (*peculium adventitium*), qui se composait de tous les biens recueillis par les fils de famille dans la succession de leur mère, soit par testament, soit ab intestat. Le père n'acquérait sur ce pécule qu'un droit d'usufruit ; la propriété restait au fils (2).

Ce pécule adventice fut ensuite étendu, par Arcadius et Honorius, à tout ce qui provenait au fils de famille de ses ascendants maternels (3), puis par Théodose et Valentinien, à tout ce qui était donné par un époux à l'autre (4), et, enfin, par Justinien, à tout ce que le fils de famille acquérait par une cause quelconque, sauf ce qui lui provenait des biens de son père.

Ainsi, sous Justinien, les fils de famille ont la pleine propriété de leurs pécules castrans et quasi-

---

(1) L. Unic., cod. : *De cast. omn. palat. pecul.*

(2) L. 1, cod. : *De bonis maternis.*

(3) L. 2, id.

(4) L. 1, cod. : *De bonis quæ lib. in potest. pat.*, etc.

castrans. Ils ont la nue propriété de leur pécule adventice ; enfin , ils conservent l'administration et la jouissance du pécule profectice.

Occupons-nous maintenant des filles.

Nous avons dit, dans notre premier article, sur quels principes reposait, dans l'origine, la tutelle perpétuelle à laquelle les femmes étaient soumises, et nous savons que si Gaïus attribuait cette mesure à la fragilité du sexe, il la considérait plutôt avec les idées de son temps , qu'avec les idées de ceux qui l'avaient créée. C'est, au surplus, là, un phénomène qu'on a bien souvent l'occasion de remarquer dans la législation romaine. Les mœurs se corrigent et se modifient; les institutions demeurent. Seulement, on les comprend, on les applique, on les interprète , et souvent aussi on les explique différemment.

L'arbre a poussé de nouvelles branches , son feuillage a reverdi, son aspect est changé, mais ses vieilles racines sont toujours les mêmes.

Déjà les donations entre époux et l'inaliénabilité du fonds dotal nous ont présenté des exemples de cette anomalie législative; nous en trouvons un nouveau dans la tutelle des femmes. Il est vrai qu'à l'époque à laquelle Gaïus attribuait

6

cette tutelle à la légèreté de leur esprit (1), ses rigueurs s'étaient beaucoup adoucies.

Tous les tuteurs, à l'exception des tuteurs légitimes, c'est-à-dire des agnats et des patrons, avaient en réalité perdu leur pouvoir.

Les femmes traitaient elles-mêmes leurs affaires, et si les tuteurs interposaient, dans certains cas encore, leur autorité, c'était pour la forme seulement. Encore, le préteur pouvait-il les y contraindre ; ce qui faisait dire à Cicéron, dans une de ses harangues : « Nos ancêtres voulaient que « les femmes fussent au pouvoir des tuteurs ; les « jurisconsultes ont inventé des espèces de tuteurs « qui se trouvent au pouvoir des femmes (2). »

Par l'un des chefs de la loi Papia Poppœa, Auguste accorda, comme récompense de leur fécondité, aux femmes ingénues qui avaient plus de deux enfants, d'être libérées, même de la tutelle légitime, et, plus tard, sous l'empereur Claude, une loi appelée de son nom, loi *Claudia*, supprimant entièrement la tutelle des agnats sur les

---

(1) Veteres enim voluerunt, feminas etiam si perfectæ ætatis sint, propter animi levitatem, in tutela esse. » Comm. 1, § 144.

(2) Cic. pro Murat., ch. 12, 27.

femmes, ne laissa plus subsister, parmi les tutelles légitimes et réelles, que celles des ascendants et des patrons.

Au temps d'Ulpien, soùs Alexandre Sévère, ce droit se soutenait encore ; mais, par la suite, tombant successivement en désuétude, il finit par s'éteindre, et il n'en est plus question dans les Institutes de Justinien (1).

Avec la puissance paternelle et la tutelle des femmes, la *manus*, qui reposait sur les mêmes principes, devait tomber en désuétude.

Dès le temps de Cicéron, beaucoup de mariages, et peut-être même, dit Hugo (2), la presque totalité, commençaient et se continuaient sans que la femme fût placée sous la main du mari. Gaïus, qui vivait sous Marc-Aurèle, nous apprend que, de son temps, la cohabitation non interrompue pendant une année (*usus*), ne faisait plus naître la *manus*, toute cette portion de l'ancien droit s'étant trouvée abrogée en partie par les lois, en partie par l'usage (*partim legibus sublatum, partim*

---

(1) V. l'excellent ouvrage de M. Ortolan, ayant pour titre : *Explication historique des Institutes de Justinien*, lib. 1er, tit. 22.

(2) *Histoire du Droit Romain*, § 196.

ipsâ desuetudine obliteratum (1); et si, à la même époque, la coemption était encore quelquefois employée pour produire la *manus*, elle servait le plus souvent à d'autres usages, comme à faire sortir les femmes de la tutelle gênante de leurs agnats, à donner la possession de biens en vertu d'un testament, et à faire parvenir aux mains d'un héritier la partie utile d'une succession dégagée de la charge du culte privé (2).

Quant à la confarréation, Ulpien, qui vivait un demi-siècle après Gaïus (3), la cite comme étant le seul mode suivant lequel, de son temps, la *manus* pouvait s'établir (4), et encore voyons-nous, par un passage des annales de Tacite, que, sous le règne de Tibère, le flamine de Jupiter étant mort, et son successeur devant, d'après les anciens usages, être choisi parmi trois praticiens nés de parents mariés par confarréation, on eut beaucoup de peine à trouver ce nombre, parce que, dit l'historien, l'usage de ces sortes d'unions s'était perdu dans presque toutes les

---

(1) Gaïus, *Comment.* 1, § 211.

(2) V. Hugo, *Histoire du Droit Romain*, § 96.

(3) Ulpien est mort l'an 226 de Jésus-Christ.

(4) *Ulpiani regular.*, tit. 9.

familles. *Omissá confarreandi adsuetudine aut inter paucos retentá* (1).

Enfin ce rite, dont le caractère était tout religieux, dut nécessairement tomber avec le paganisme. Aussi, ni dans le code de Théodose, ni dans les institutes de Justinien, n'est-il plus question de la *manus*.

Les filles qui, en se mariant, ne tombaient pas sous la puissance maritale, restaient dans la famille de leur père, et n'y perdaient aucuns de leurs droits d'agnation. Elles n'étaient, dans la famille de leur mari, que des alliées, et y tenaient à peu près la même place que celle qu'elles y occupent encore aujourd'hui.

Comme aujourd'hui, pour soutenir les charges du mariage, elles apportaient à leur mari une dot.

Cette dot n'était plus constituée à titre universel, mais à titre particulier. Elle était transmise au mari lors du mariage, au moyen des actes ordinaires d'aliénation reconnus par le droit civil (2); ou bien, elle lui était promise par celui

---

(1) Lib. 4, § 16.

(2) Comme la mancipation, la cession juridique (*cessio in jure* ou simplement la tradition pour les choses *nec mancipi*. Gaïus, *Comm.* 2, § 63.

qui avait l'intention de la donner ; ou, enfin, elle était déclarée « *dicta* », par la femme, ou ses ascendants, si c'étaient eux qui devaient la fournir. Ce qu'Ulpien résume ainsi : *Dos aut datur, aut dicitur, aut promittitur* (1).

D'un autre côté, la dot était profectice ou adventice :

Profectice, si elle avait été constituée à la femme par son père ou son aïeul paternel ; adventice, si elle lui provenait de toute autre personne, ou si elle se l'était constituée à elle-même de ses propres biens. Cette dernière distinction était importante pour déterminer à qui devait revenir la dot en cas que la femme vînt à mourir durant le mariage. La dot profectice retournait alors au père ou à l'aïeul qui l'avait constituée, sauf un cinquième réservé au mari, s'il avait des enfants. La dot adventice, et même la dot profectice, si l'ascendant qui l'avait constituée était prédécédé, restaient au mari, qui était dit alors *gagner la dot* (2). Justinien modifia ce dernier

---

(1) Il n'est plus question de la *dictio dotis*, sous Justinien.

(2) V. les *Fragments d'Ulpien*, tit. 6. — V. aussi Heineccius, *Ant. rom.*, lib. 2, tit. 8, § 8.

droit, et voulut que, si la femme décédait la première, la dot fût dévolue à ses héritiers. (1)

Ainsi, dans aucun cas, la dot ne devait, après
le mariage, rester au mari; nous avons vu, d'un
autre côté, que le mari ne pouvait, durant le mariage, ni l'aliéner ni l'hypothéquer, et cependant, au temps de Justinien encore, le mari était
considéré comme propriétaire de la dot. Cet empereur fait seulement remarquer, dans ses Institutes, comme une singularité, qu'il peut y avoir
des cas où, quoique l'on soit propriétaire d'une
chose, on ne puisse en disposer. Ce qui prouve
que si, quelquefois, chez les Romains, les lois
survivaient à leurs principes, quelquefois aussi
les principes survivaient aux lois elles-mêmes (2).

A coup sûr, nous sommes déjà bien éloignés
du temps où le mari devenait propriétaire des
biens de sa femme, comme d'un accessoire de
cette femme elle-même, qu'il achetait à son père;
même de celui où, après la dissolution du ma-

---

(1) L. unic., cod. : *De rei uxoriæ act.*, § 6 et 13.

(2) Chez nous, la dot ne devient pas toujours la propriété du
mari ; elle n'est le plus souvent, dans ses mains, qu'un dépôt
qui lui est confié pendant que le mariage dure, pour lui aider à
en supporter les charges.

riage, la dot n'était rendue à la femme que pour qu'elle pût s'en servir à contracter de nouvelles noces, et donner à la république de nouveaux rejetons. Nous nous en trouverons plus éloignés encore, quand nous aurons fait connaître une institution tout-à-fait étrangère au droit romain de l'époque classique, mais qui, dans le Bas-Empire, a toujours marché parallèlement avec la dot. Nous voulons parler de la donation à cause de noces : *donatio propter nuptias*.

La constitution la plus ancienne qui, dans le code de Justinien, fasse mention de la donation à cause de noces appelée alors donation avant les noces : *donatio ante nuptias*, émane des empereurs Théodose et Valentinien, qui en parlent, à la vérité, comme d'une chose déjà établie (1). Justinien en parle également comme d'une sorte de donations entre-vifs entièrement inconnues des anciens prudents, et introduites après eux par des empereurs plus récents, *junioribus principibus* (2).

D'abord, le futur époux faisait une donation à sa future épouse, et celle-ci lui rendait, à titre

____

(1) Institut., l. 2 tit. 7, § 3.

(2) L. 17. Cod. : *De Donat. ante nupt.*

de dot, ce qu'elle avait reçu de lui à titre de donation (1). La donation dut ensuite égaler la dot. Toutes deux étaient destinées à soutenir les charges du mariage sous l'administration du mari; toutes deux étaient également inaliénables (2). A la dissolution du mariage, de même que la femme reprenait sa dot, de même le mari reprenait les objets composant sa donation.

De même aussi que, dans certains cas, la femme encourait, comme punition, la perte de sa dot, de même le mari, s'il se trouvait dans les mêmes cas, perdait sa donation.

Enfin, si les époux étaient convenus que le mari, en cas de survie, pourrait retenir une certaine part de la dot, par réciprocité, la femme avait droit au même avantage sur la donation (3).

Il ne restait qu'une différence, et Justinien l'effaça. La dot, n'étant pas considérée comme une donation, pouvait être constituée ou augmentée après le mariage contracté. Il n'en était pas de même de la donation à cause de noces,

----

(1) L. 1er, id.

(2) Nov. 61.

(3) L. 9, cod. *De pact. convent. tam sup. dot. quam. sup. donat. ante nupt. et paraph.*, et nov. 9, cap. 1.

qui, comme toutes les donations entre vifs, était défendue entre époux.

Justinien permit, par dérogation au principe, de constituer ou d'augmenter la donation à cause de noces, comme la dot pendant le mariage (1), ce qui fit que la *donatio ante nuptias* changea de nom, et devint *donatio propter nuptias*.

Ce fut ausi Justinien qui exigea une égalité absolue, une égalité numérique entre les gains de survie stipulés sur la dot, et ceux stipulés sur la donation (2). Enfin, c'est encore ce même empereur qui, dans une de ses constitutions, fait ressortir la complète analogie qui existe entre la dot et la donation à cause de noces, qu'il appelle aussi *antipherna*. « *Nomine et substantiâ*, dit-il, *nihil distat à dote, ante nuptias donatio* (3).

Nous insistons sur ce point, parce qu'il nous paraît donner au statut matrimonial de Justinien un caractère tout particulier qui exclut l'assimilation qu'on en veut faire à notre régime dotal.

---

(1) L. 20, § 1, cod. : *De nuptiis*

(2) L. 10, cod. : *De nuptiis.*

(3) L. 20, cod. : *De donat. ante nuptias.* — V. pour plus de détails, sur la donation à cause de noces, un article de M. d'Hautuille, inséré *Revue de la Législation*, t. 7.

Que l'on suppose, en effet, le bien de la femme et celui du mari confondus pendant le mariage, et administrés par le mari dans un intérêt commun; puis, lorsque le mariage vient à se dissoudre, partagés également avec les fruits qu'ils ont pu produire entre les époux ou leurs représentants, et, sans s'être écarté beaucoup du statut de Justinien, on en sera venu à notre communauté de biens.

C'est qu'au temps où vivait Justinien, le véritable régime dotal romain avait perdu sa signification. Ce n'était plus dans l'intérêt de la république qu'on voulait conserver les dots, et ces Romains, si fiers de leurs institutions vieillies, ces Romains dégénérés, ou plutôt régénérés, prenaient à leur insu des leçons de jurisprudence auprès de ces peuples qu'ils appelaient barbares, et qui avaient mieux compris qu'eux la destinée des femmes.

Il est certain que, chez les Germains et chez les Gaulois, nous trouvons des lois et des coutumes qui nous révèlent en même temps les principes générateurs de notre communauté de biens entre époux, et l'origine de cette donation à cause de noces, fondée, comme la communauté, sur une complète réciprocité d'avantages entre le mari et la femme.

Pour n'en citer qu'un exemple, voici ce que César nous apprend des usages Gaulois : *Utri quantas pecunias ab uxoribus, dotis nomine, acceperunt, tantas ex suis bonis estimatione factâ cum dotibus* COMMUNICANT. *Hujus omnis pecuniæ conjunctim ratio habetur fructusque servantur. Uter earum vita superuit ad eum pars utriusque, cum fructibus superiorum temporum pervenit* (1).

Ainsi, apport fait par le mari en compensation de la dot, gain attribué au survivant de l'apport du prédécédé, voilà bien deux principes qui dominent toute la théorie de la *donatio propter nuptias*. D'un autre côté, confusion entre le bien du mari et celui de la femme, et disposition des fruits en faveur du survivant : c'est le fondement de la communauté de biens. Mais avant de faire l'histoire de ce dernier régime, nous avons à nous occuper encore du régime dotal et du droit Romain qui ont survécu, sur notre sol français, à toutes les autres institutions de nos vainqueurs.

---

(1) *De Bello gallico.*

CHAPITRE DEUX.

DU RÉGIME DOTAL SUIVANT LE DROIT ÉCRIT.

Nous avons fait l'histoire du régime dotal sous le droit romain, disons maintenant comment il s'introduisit en France.

Ce régime, tel que Justinien l'avait définitivement constitué, subit le sort de toutes les lois de ce prince, et tomba avec elles dans un long oubli.

Les pandectes, dédaignées par les Romains parce qu'elles n'avaient point été faites chez eux, et mal accueillies par les Grecs parce qu'elles étaient écrites dans une langue qui n'était point la leur, se perdirent avant d'avoir pénétré dans les Gaules.

Les Romains s'en tinrent au Code de Théodose II (1), qui demeura longtemps le droit commun

---

(1) D'après les dispositions du code Théodosien sur la dot, elle devait être rendue à la femme survivante, lors même que celle-ci l'aurait déjà reçue durant le mariage ; car cette restitution anticipée était alors considérée comme une donation de la part du mari, et n'avait aucune valeur. Si la femme décédait la première, ses héritiers n'avaient point droit à la dot, mais le mari la con-

de l'occident, et les Grecs ne conservèrent des recueils de Justinien que la mauvaise paraphrase de Théophile sur les Institutes et les fragments que les Basiliques leur avaient empruntés (1).

Lors de l'invasion des Barbares dans les Gaules, les vainqueurs y avaient trouvé le droit Théodosien.

Apportant de la Germanie l'usage des lois personnelles, ils ne voulurent point imposer par violence les leurs aux vaincus ; ce qui fit que le droit romain demeura la loi territoriale de la nation conquise, ou, pour parler plus correctement, la loi personnelle générale, celle de tous ceux qui ne s'étaient point ralliés à la loi des vainqueurs.

Mais, comme l'a fort judicieusement observé Montesquieu (2), la loi salique établissait entre les Francs et les Romains des distinctions (3) qui

---

servait pour ses enfants , de manière à ce que ceux-ci ne pussent jamais en perdre la propriété. *Ita est proprietas ejusdem à liberis ex eâdem susceptis alienari à marito non possit (Code Théod.*, liv. 5, tit. 13. de Dotibus.)

(1) La paraphrase de Théophile, ainsi que les basiliques, consacrent l'inaliénabilité dotale.

(2) *Esprit des Lois* , liv. 28 , ch. 3 et 4.

(3) Si l'on payait 200 sols pour le meurtre d'un Franc , on n'en payait que 100 pour le meurtre d'un Romain possesseur, et 45

durent donner à tous les Romains le désir de devenir Francs.

Aussi les vit-on peu à peu abandonner le droit romain pour se soumettre à loi salique, qui finit par devenir la loi unique et générale de toutes les contrées où les Francs s'étaient établis.

Il en fut autrement dans les portions du midi de la Gaule soumises aux Goths et aux Bourguignons.

Soit que, dans ces contrées, les lois des vainqueurs étant plus impartiales, les vaincus n'eussent point eu les mêmes raisons de quitter la leur (1), soit que, plus près de l'Italie et appartenant depuis plus longtemps à la domination romaine (2), ils se fussent montrés plus obstinément attachés à leurs anciennes coutumes, le droit romain conserva toujours parmi eux son autorité; et quand ces règnes malheureux qui suivirent celui de

---

pour celui d'un Romain tributaire. De même la composition était de 62 sols et demi pour avoir dépouillé un Franc, et de 30 seulement pour avoir dépouillé un Romain ; de 30 sols pour avoir enchaîné un Franc et de 15 seulement pour avoir enchaîné un Romain, etc., etc. *Loi Salique*, tit. 44 et 45.

(1) C'est la seule raison qu'en donne Montesquieu. *loc. cit.*

(2) La Gaule narbonnaise appartenait aux Romains avant Jules César.

Charlemagne, quand ces invasions de Normands, ces guerres intestines et tous ces malheurs qui fondirent à la fois sur la France, y eurent ramené les ténèbres de l'ignorance et de la barbarie; quand les lois gothe et bourguignone se furent perdues avec toutes les autres lois personnelles des vainqueurs, le droit romain continua toujours à être observé dans ces contrées méridionales, si non comme loi écrite, car on ne savait plus lire, au moins, comme coutume générale.

Il en résulta que, lorsque, cinq siècles plus tard (1), l'aurore d'une nouvelle civilisation com-

---

(1) Terrasson et tous les auteurs qui ont écrit avant M. de Savigny l'*Histoire du Droit romain*, rapportent qu'un manuscrit unique, contenant les Pandectes de Justinien, fut trouvé par des soldats Pisans dans le pillage de la ville d'Amalfi, après le siége soutenu par l'empereur Lothaire II, contre l'anti-pape Anaclet, en l'année 1135 ; que Lothaire fit présent de ce précieux livre aux habitants de Pise, ses alliés, et chargea le professeur Irnerius d'enseigner les Pandectes à Bologne.

Dans son savant ouvrage sur l'*Histoire du Droit romain au moyen-âge*, M. de Savigny cite plusieurs documents, desquels il résulterait que les recueils de Justinien n'ont jamais été complètement ignorés. Il révoque même en doute la circonstance de la découverte du manuscrit des Pandectes au siége d'Amalfi.

Toujours est-il que le manuscrit de Pise et l'enseignement d'Irnerius furent le signal de la renaissance du droit romain dans l'Occident.

Placentin qui avait étudié à Bologne, sous Irnerius, vint en 1166, sous le règne de Louis-le-Jeune, fonder à Montpellier la première école de droit qui ait existé en France.

mençant à se lever sur la France, les Pandectes de Justinien récemment retrouvées y furent apportées et enseignées, si les provinces de l'ancien domaine des Francs, déjà régies par des coutumes particulières, ne voulurent y voir qu'une sorte de logique universelle applicable au droit, donnant des préceptes d'interprétation et des règles supplétives pour une législation préexistante, celles du midi, qui avaient été soumises aux Goths et aux Bourguignons, les adoptèrent comme loi écrite, d'où s'en est suivi cette distinction qui a subsisté en France jusqu'en 1804, entre les pays de coutume et ceux de droit écrit.

Dire comment le droit romain s'établit en France, c'est dire comment le régime dotal s'y introduisit, car, à l'exception de trois provinces, la Normandie, l'Auvergne et la Marche, toute la France coutumière ignora ce régime ; et, s'il a été suivi dans les ressorts des parlements de Bordeaux (1), de Toulouse, d'Aix, de Grenoble, et dans une partie de ceux des parlements de Paris (2) et de Dijon (3), c'est que le pays qui

---

(1) Sauf la partie septentrionale de la Saintonge, au siége de Saint-Jean-d'Angely, qui est pays coutumier.

(2) Comme le Lyonnais, le Mâconnais, une partie de l'Auvergne et une partie de la Basse Marche.

(3) Comme les provinces de Bresse, Bugey, Valromey et Gex, entre la Saône et le Rhône, la Franche-Comté, la Savoie et la

7

composait ces ressorts se trouvait précisément celui qui, soumis le premier à la loi romaine et demeuré toujours fidèle à son empire, l'avait accueillie à sa renaissance comme droit écrit, tandis que le reste de la France ne l'avait accueillie que comme raison écrite.

Maintenant, à ceux qui voudraient faire honneur à ce régime, de ce qu'admis en France, comme nous venons de le voir, grâce au droit romain, il y est resté si long-temps en faveur, je répondrais qu'il n'eût guère été possible qu'il en fût autrement.

Et, d'abord, est-il bien étonnant qu'à l'époque où les Pandectes ont été apportées en France, elles y aient été reçues avec des transports d'admiration, et qu'une population ignorante, privée de lois et livrée sans défense au brutal arbitraire d'une féodalité tyrannique, ait accepté sans examen et sans contrôle toutes les dispositions de cette législation nouvelle?

Le précieux manuscrit des pandectes florentines, le plus ancien et le plus authentique qu'on possédât alors, était, je ne dirai pas seulement

---

Suisse.— Voir un article fort curieux de M. Klimrath, sur la géographie de la France coutumière, inséré dans la *Revue de législation*, t. vi, p. 161.

conservé avec un soin, mais entouré d'un culte tout religieux. Si un étranger voulait le voir et le consulter, il fallait que le premier magistrat de la ville vînt, la tête nue, lui en faire l'ouverture, et les moines de l'ordre de Saint-Bernard, établis à Florence, tenaient à honneur de se trouver là, tête nue aussi, et portant respectueusement des flambeaux (1).

Ce respect exagéré pour un recueil de lois exclut l'idée de toute critique possible sur leurs dispositions. D'ailleurs, on n'était point alors à une époque d'éclectisme. Lire les textes, les rapprocher, les expliquer, les commenter, voilà à quoi se réduisaient tous les efforts des jurisconsultes. Pendant deux siècles, les Glossateurs se livrèrent à la plus laborieuse, la plus savante, mais la plus stérile exégèze de toutes les sources du droit; puis, pendant deux autres siècles, on oublia ces sources pour se livrer à l'exégèze de la glose d'Accurse, qui résumait toutes les autres.

---

(1) Ibi verò, in ipsâ curiâ, loco celeberrimo, Monachorum quorumdam, summique Magistratùs diligentiâ et religione servatur. Tùm quotiès profertur, (quod ipsum, non sine gravi causâ fieri solet) accensis funalibus, (ità enim mos traditur) Monachi illi quos dixi, summusque Magistratus, capite aperto, venerabundi circumsistunt. *Ang. Polition.*, liv. 10, Ép. 4, de just. et jur.

Cujas et les jurisconsultes de son école ren-
dirent d'immenses services à la science du droit,
et en surent écarter les subtilités scholastiques
qui l'avaient si longtemps obscurcie; mais ce
serait encore vainement qu'on chercherait, dans
leurs œuvres, aucune appréciation critique des
lois romaines.

Encore bien donc que le régime dotal romain eût offert pour la société d'alors les graves
inconvénients qu'il présente de nos jours, il est
à croire que, comme tant d'autres mauvaises lois
empruntées aux Pandectes, il eût obtenu et conservé son droit de bourgeoisie dans notre ancienne législation française.

Mais il ne faudrait pas s'y tromper; la société
d'alors ne ressemblait guère à celle d'aujourd'hui.

Cette activité incessante du commerce et de
l'industrie, ce mouvement dans les affaires, ces
fluctuations dans les fortunes, cette instabilité
dans les positions, et, enfin, ces perpétuelles mutations de propriété qui en sont le résultat, étaient
alors choses fort peu connues. Les lois défendant
le prêt à intérêt (1), chacun vivait du travail de

____

(1) On lit dans l'ordonnance de Blois de 1579, art. 202 :
« Inhibition et défense sont faites à toutes personnes de quelque
état et condition qu'elles soient, d'exercer aucune usure, ou

ses mains, ou des fruits du champ qu'il avait recueilli dans l'héritage de son père et qu'il devait un jour transmettre à ses descendants; et on ne voyait pas, comme aujourd'hui, des propriétaires vendre leurs domaines pour en placer le prix et se faire un plus gros revenu.

Ceux qui vendaient leurs biens étaient des dissipateurs qui voulaient escompter l'avenir et gaspiller (1) leur fortune. Il n'y avait donc point de mal à ce que la loi se montrât sévère à leur égard, et mît la fortune de leur femme à l'abri de leurs dilapidations en déclarant le fonds dotal inaliénable. Il fallait, en outre, défendre aux femmes de s'obliger pour leurs maris; car, dans cette société encore à demi barbare, la femme, quoique réhabilitée par le christianisme, subissait nécessairement le joug résultant de l'infériorité de ses forces. Elle n'était plus, si l'on veut,

---

prêter leurs deniers à profit ou intérêt, ou bailler leurs marchandises à perte de finance par eux ou par d'autres, encore que ce fût sous prétexte de commerce ; à peine, pour la première fois, d'amende honorable, bannissement et condamnation à de grosses amendes, dont le quart sera abjugé aux dénonciateurs ; et, pour la seconde fois, de confiscation de corps et de biens. »

(1) Celui qui vend son héritage est regardé comme un dissipateur. Delaurière, sur les *Institutions coutumières de Loisel*. Liv. 1, tit. 2, n° 25.

l'esclave, la chose du mari; mais elle était encore, auprès de lui, d'autant plus dépendante, que l'empire de la force ma'érielle conservait plus de prééminence.

Il a fallu, qu'on ne se le dissimule pas, de singuliers efforts de civilisation pour ranger sous les mêmes lois l'être faible qui ne peut se passer de protection, et l'homme fort qui n'aurait qu'à lever le bras pour écraser sa compagne. Peut-être bien même, malgré le progrès actuel de nos lumières, n'en serions-nous pas venu à ce point, sans les folies chevaleresques du moyen-âge et les puériles galanteries du xviie siècle. Peut-être fallait-il que la femme fût l'idole de l'homme avant de devenir son associée.

Quoi qu'il en soit, on comprendra maintenant comment la *loi Julia de fundo dotali*, qui défendait au mari de vendre le bien de sa femme, et le sénatus-consulte Velléien (1), qui interdisait à la femme de s'obliger pour son mari, ont tout naturellement dû échapper, sous l'empire du

---

(1) Le sénatus-consulte Velleien a été abrogé par Henri IV, mais l'ordonnance qui l'abrogeait n'a point été inscrite dans tous les parlements du royaume, notamment dans le parlement de Normandie.

droit écrit, aux critiques qui leur sont adressées de nos jours. Les mœurs étaient différentes, les lois devaient l'être aussi; et, si l'on envisage la question au point de vue de l'économie politique, qu'importait l'inaliénabilité dotale à côté de tant d'autres inaliénabilités que la législation d'alors laissait subsister? Les biens de main morte et les biens grevés de substitution, ne couvraient-ils pas, en France, plus de la moitié du sol ?

Hé bien! cependant, malgré toutes ces considérations qui militaient, sous l'ancien droit, en faveur du régime dotal, ses inconvénients furent souvent sentis et signalés.

Ainsi ne doit-on pas déjà considérer comme une énergique protestation contre les conséquences de ce régime, ces renonciations au sénatus-consulte Velléien devenues si fréquentes dans les pays de coutume où il était en vigueur, qu'il fallut faire défense aux notaires et tabellions de les insérer à l'avenir dans les contrats de mariage, par cette seule raison que des vices de rédaction donnaient souvent lieu à procès, et qu'il était plus simple d'y suppléer, en déclarant d'une manière générale que les femmes seraient bien et duement obligées, en d'autres termes que le sénatus consulte Velléien serait sans effet à leur

égard, lors même qu'elles n'y auraient pas re-
noncé (1)?

Mais il y a plus; dans la partie la plus floris-
sante, et alors la plus commerçante des pays de
droit écrit, le Lyonnais, le Màconnais, le Forez
et le Beaujolais, l'inaliénabilité dotale pesait d'un
tel poids, que, pour s'y soustraire, on avait pris
prétexte de l'édit d'Henri IV, que nous venons de mentionner, et, encore que cet édit n'eût
été enregistré qu'au parlement de Paris, encore
qu'il ne fût relatif qu'au sénatus-consulte Velléien, et ne touchât en rien à la loi Julia et à l'in—
aliénabilité dotale, jamais on ne fesait difficulté
d'admettre comme valables les obligations des
femmes mariées et les aliénations par elles faites
de leurs biens dotaux. Et comme, vers le milieu
du xvii° siècle, quelques tribunaux s'avisèrent
d'annuler des obligations de femmes mariées,
comme faites en contravention de la loi Julia,
les prévôts des marchands et les échevins de la
ville de Lyon s'en émurent, et remontrèrent au
prince combien le régime qu'on voulait établir
serait préjudiciable aux affaires et aux intérêts
des familles, qui, dans les occasions les plus pressantes, ne pourraient trouver aucun secours.

---

(1) Edit d'Henry IV du mois d'août 1606. (*Isambert*, tom XV,
p. 302.)

« Parmi la noblesse, disaient-ils, les biens con-
« sistent ordinairement en fonds grevés de subs-
« titution et par conséquent inaliénables. Si les
« femmes ne peuvent s'obliger sur les leurs, com-
« ment trouvera-t-on les ressources suffisantes,
« soit pour entrer dans le service du roi, soit
« pour parvenir aux emplois qui exigent des
« cautionnements; et, quant à ce commerce si
« florissant que la ville de Lyon doit aux avan-
« tages de sa position, que deviendra-t-il, et où
« ceux qui ont peu de biens en évidence, ou dont
« tous les biens sont déjà employés dans le né-
« goce, trouveront-ils le crédit nécessaire pour
« le soutenir, si leurs femmes ne peuvent donner
« aucune sûreté sur les biens qu'elles ont en leur
« pouvoir? »

Alors fut rendu l'édit du mois d'avril 1664,
qui, donnant force de loi à ce qui n'était qu'en
usage, abroge la loi Julia pour le Lyonnais, le
Mâconnais, le Forez et le Beaujolais, et déclare
les engagements des femmes mariées valables et
obligatoires sur tous leurs biens, meubles et immeubles, dotaux et paraphernaux. (1)

---

(1) Le préambule de l'édit de 1664 fait clairement connaître
dans quelles circonstances il a été rendu.

Voici ce préambule :

« Louis, etc. La liberté que nous avons laissée à nos peuples

Cet édit ne parle, il est vrai, que des obligations des femmes mariées, et non de l'aliénation de leurs biens dotaux; mais, comme il abroge la

---

de vivre chacun dans leurs provinces, suivant les lois qu'un ancien usage leur avait établies, a fait que quelques-uns se sont conservés dans la possession de décider, par les lois romaines, les affaires sur lesquelles il n'y avait point d'ordonnances faites par les rois nos prédécesseurs; les autres ont été régis par la coutume, et les autres, nonobstant qu'elles fussent généralement régies par le droit romain, n'ont pas laissé de recevoir, en certains cas, des usages différents. Notre ville de Lyon et les provinces de Lyonnais, Forez, Beaujolais et Mâconnais, ont été de ces dernières, lesquelles, quoique gouvernées par le droit romain, se sont pourtant établies par une longue suite d'années, un usage différent de la loi Julia, du fonds dotal, suivant lequel elles ont reçu, pour valables, les obligations passées par les femmes conjointement avec leurs maris, sans aucune distinction des biens dotaux ou paraphernaux, mobiliers ou immobiliers; ce qu'elles ont fait, ou pour se mieux conformer aux lois de notre état et à l'édit de notre très honoré aïeul Henri IV, donné en l'an 1606, par lequel elles ont cru jusqu'ici que les femmes avaient la liberté d'obliger tous leurs dits biens, ou à cause qu'elles ont trouvé ledit usage plus accommodant à la société civile, et plus favorable aux affaires des familles, lesquelles dans le temps qu'elles avaient besoin d'argent, comme il arrive souvent parmi la noblesse, dont les biens consistent ordinairement en fonds, qu'elles peuvent rarement obliger à cause des substitutions, ne trouveraient aucun secours dans les occasions les plus pressantes, ni dans celles où il s'agit de notre service, ou de parvenir à des emplois qui les mettent en état de nous en rendre, faute de pouvoir donner assurance, si les femmes n'en pouvaient donner aucune de leur part, sur

loi Julia, et que la loi Julia consacrait expressément l'inaliénabilité du fonds dotal, la jurisprudence n'a pas hésité à considérer cette inaliénabi-

---

les grandes sommes qu'elles auraient à lever préalablement à tous
autres, tant pour raison de tous les biens qu'on leur constitue
ordinairement en dot, sans aucune réserve, que pour raison de
l'augment qui est réglé à la moitié desdites constitutions, et pour
celle d'une certaine somme que l'on a coutume de stipuler pour
bagues et joyaux proportionnellement aux conditions et aux biens:
cet usage n'est pas moins nécessaire au grand commerce, qui
fleurit dans notre dite ville de Lyon et les lieux circonvoisins, à
cause de l'avantage de la situation, lequel procure l'abondance
de toutes sortes de marchandises à notre royaume, et donne les
moyens, par les correspondances des marchands, de faire tenir
à nos officiers ou autres employés à notre service, dans les pays
les plus éloignés, toutes les sommes dont ils peuvent avoir besoin, dont les rois nos prédécesseurs et nous, avons tiré des
secours très considérables, dans les occasions pressantes de
notre état, dans la guerre et la paix ; ce qui leur sera impossible
de faire par le peu d'assurances qu'ils pourraient donner de leur
part, des grandes sommes qu'il leur est nécessaire d'emprunter
pour l'entretien du commerce, à cause qu'ils ont peu de biens
en évidence, et que la plupart est employée dans leur dit négoce,
dont ceux qui peuvent prêter n'ont aucune connaissance, au
moyen de quoi leur crédit serait bientôt absolument perdu, et
tout le commerce par conséquent ruiné, au grand prejudice de
notre dite ville et détriment de tout notre état, si leurs femmes
ne pouvaient non plus donner aucune sûreté sur tous les susdits
biens qu'elles ont à leur pouvoir, même sous ce prétexte en
mettre beaucoup davantage à couvert. C'est pour toutes ces considérations que nos chers et bien-aimés les prévôst et les marchands et échevins de notre dite ville de Lyon nous ont fait

lité comme effacée par l'édit, dans les provinces pour lesquelles il avait été rendu. (1)

Il nous reste à examiner le régime dotal dans les autres provinces du droit écrit où il a conservé tout son empire. Gardons-nous toutefois d'entreprendre un exposé de doctrine qui nous serait aussi difficile à faire qu'il serait ensuite fastidieux à lire. A tout ce que nous avons dit du chaos des lois romaines, il faudrait ajouter le chaos des interprétations, et ce serait à n'en pouvoir sortir.

---

remontrer qu'au préjudice de cet usage établi dans ladite ville et susdites provinces, sur tant de fondements autorisés par une infinité d'autres obligations, jugements et sentences confirmées par arrêt, et par le tacite consentement de nos sujets, qui lui auraient pu donner force de lois quand il n'aurait point été ordonné par le susdit édit de 1606, il y aurait eu depuis quelque temps des arrêts qui auraient détruit les obligations de femmes, jusqu'à la concurrence des biens dotaux, suivant la loi Julia du fonds dotal, lesquels, s'ils rendaient la décision des procès formées sur cette matière incertaine, en donnant atteinte à ladite coutume, engendreraient une infinité de troubles et de procès dans les familles, dont la plupart ayant engagé presque tous leurs biens sous la foi publique de cet usage, en seraient, ou beaucoup incommodés, ou absolument ruinés. A quoi désirant pourvoir, nous aurions résolu de déclarer sur ce notre volonté, pour tenir lieu de loi certaine et constante dans notre dite ville de Lyon et pays susdits. A ces causes, etc. »

(1) *Bretonnier sur Henrys*, liv. iv, ch. 3, q. 8.

Nous avons montré les jurisconsultes romains du temps de Marc-Aurèle et d'Alexandre Sévère, embarrassés par les textes conservés de leur vieux droit civil, et s'évertuant à en faire sortir des solutions applicables à un état de choses tout nouveau et tout autre. Leur labeur n'était rien, comparé à celui de nos anciens auteurs de droit écrit, entassant pêle-mêle dans leurs écrits des citations empruntées aux lois romaines de tous les âges et de toutes les sources, y mêlant des passages de l'écriture sainte, mettant à contribution les classiques grecs et latins, et arrivant ainsi à soutenir, les uns contre les autres, les opinions les plus contradictoires et quelquefois les plus bizarres.

Nous ne pensons pas que jamais il prenne fantaisie à personne de nous proposer pour modèle de législation un pareil état de choses ; mais, puisqu'on fait honneur à l'inaliénabilité dotale de s'y être maintenue, disons en peu de mots comment elle y était comprise et observée.

Dans le droit romain, le mari était propriétaire de la dot, et, pendant le mariage, il ne pouvait la rendre à la femme, d'abord, parce que c'eût été un avantage entre époux que la loi prohibait ; ensuite, et, surtout, parce que la femme eût pu dissiper sa dot, et que le législateur voulait la protéger contre la fragilité de son sexe.

A cette défense faite au mari de rendre la dot à sa femme, il y avait toutefois quelques exceptions, et ces exceptions étaient faites pour des cas où la dot devait recevoir de la part de la femme un emploi si utile, qu'elle ne pourrait être considérée comme perdue. *Manente matrimonio,* NON PERDITURA *uxori dos reddi potest ut sese suosque alat, ut fundum idoneum emat,* etc. (1).

Sous le droit écrit, la propriété de la dot entre les mains du mari n'existe plus même à l'état de fiction, comme sous Justinien. Le mari est bien appelé, avec quelque emphase, « le maître de la dot, le *caput mulieris,* » mais cela veut dire seulement qu'il administre et touche les revenus ; le fonds reste à la femme. De là il résulte que toutes les dispositions du droit romain, relativement à la prohibition faite au mari de rendre la dot à la femme pendant le mariage, n'avaient plus aucun sens dans le droit écrit, le mari ne pouvant rendre à la femme ce qui n'avait cessé d'appartenir à celle-ci ; mais les auteurs ne s'en

––––––––––

(1) 73 ff. *de Jure Dotium.* — Voyez aussi liv. xx et xxi, ff. *Soluto matrimonio.*

sont pas inquiétés, et ils ont tout simplement appliqué à l'inaliénabilité du fonds dotal les exceptions faites par la loi romaine à la défense de restituer la dot.

Quand des lois ainsi sorties des conditions qui les ont fait naître, et appliquées à des cas pour lesquels elles n'ont pas été faites, produisent de bons résultats, il en faut rendre à Dieu bien des actions de grâce.

Mais, ce qui est pour nous surtout essentiel à remarquer, c'est que les exceptions à l'inaliénabilité dotale étaient, dans le droit écrit, bien plus nombreuses et bien plus largement interprêtées qu'elles ne le sont aujourd'hui sous l'empire du Code civil, qui a eu pourtant, comme le droit écrit, la prétention de copier la loi romaine.

Ainsi, la dot pouvait être aliénée pour fournir des aliments au frère ou à la sœur de la femme (1), ou pour payer la rançon d'un de ses parents pris par les ennemis (2).

La femme, marchande publique, pouvait s'en-

----

(1) L. 73, sect. 1, ff. *de Jure dotium.* Roussilhe, *Traité de la dot.* N° 416.

(2) 21 ff. *Soluto matrimonio.* Despeisses, p. I, titre 5, sect. 5, N° 94.

gager pour son trafic sur ses biens dotaux (1). On jugeait même d'une manière générale au parlement d'Aix, que le fonds dotal pouvait toujours être aliéné pour une cause nécessaire (2), et quelques auteurs d'un grand poids, parmi lesquels on peut citer Accurse (3), Salicet (4) et Despeisses (5), allaient jusqu'à enseigner que l'aliénation de la dot n'étant interdite à la femme durant le mariage que dans l'intérêt du mari, qui en avait la jouissance, pourvu que cet intérêt ne fût pas lésé, l'aliénation était valable et ne pouvait être révoquée.

Conformément à ces principes, plusieurs arrêts des parlements d'Aix et de Bordeaux ont déclaré valides les aliénations de la dot faites par la femme elle-même assistée de son mari.

Enfin, dans le droit écrit, comme dans le droit romain (6), l'aliénation de la dot était irrévo-

---

(1) Despeisses, p. 6, tit. xv, sect. 3, N° 21. — Roussilhe, *Traité de la dot.* N° 415. — L'art. 7 du Code de commerce dispose précisément le contraire.

(2) Arrêt du 26 novembre 1666. Boniface, t. I, p. 1, liv. vi, tit. ii, p. 1. — Despeisses, p. 1, tit. xv, sect. 3, N° 30.

(3) In lege Constanti 21, *code de Donat.*

(4) In eadem lege.

(5) Part. 1, tit. xv, sect. 3, N° 50.

(6) L. 77 parag. 5 ff *de Leg. et Novel.* 61.

cable, si le mari avait fait à la femme un legs pour lui tenir lieu de son bien dotal, et que ce legs eût été accepté par elle, ou bien si, ayant approuvé l'aliénation, deux ans après, elle avait réitéré son consentement, et pourvu qu'elle trouvât dans le bien de son mari de quoi répondre de sa dot (1).

Tous ces tempéraments ne sont pas connus sous l'empire du Code civil, et nous pouvons dès à présent constater que, dans la portion fort restreinte du territoire, où, à la faveur du droit écrit, le régime dotal avait été conservé, ses rigueurs étaient encore loin d'être ce qu'elles sont aujourd'hui.

----

(1) Despeisses, part. 1, tit. xv, sec. 3, Nº 30.

CHAPITRE TROIS.

DU RÉGIME DOTAL SUIVANT LA COUTUME DE NORMANDIE.

Les dispositions de la coutume de Normandie sur les statuts matrimoniaux paraissent empruntées bien plutôt au droit barbare qu'au droit romain.

Comme sous toutes les coutumes d'origine germanique, le douaire (*heritagium*) y joue un grand rôle. La femme le gagne au coucher (1). Il est coutumier ou préfix. Coutumier, il consiste dans l'usufruit du tiers des immeubles que le mari possède au jour de la célébration du mariage, ou qui lui échoient depuis par succession directe. Préfix ou conventionnel, il peut consister dans une somme d'argent une fois payée, ou bien dans une rente annuelle ou viagère; mais jamais il ne peut excéder en valeur le douaire coutumier, c'est-à-dire le tiers en usufruit (2).

______

(1) Art. 367 de la *Coutume.*

(2) Art. 571 et 374. *Basnage,* 1548. *De l'état des personnes,* 2. 155. Ce qui distingue essentiellement ce douaire de l'usufruit romain, c'est que, dès le mariage, le droit de la femme existe sur les biens qui le contituent.

Après la dissolution du mariage, la femme a droit, dans une certaine proportion, au partage des conquêts (1), qui sont ainsi réputés le fruit de la collaboration commune (2). Ce droit, si elle décède la première, appartient à ses héritiers, ce qui prouve qu'il n'est pas un simple droit de survie, comme quelques expressions de la coutume pourraient le faire penser, et ce qui a autorisé un auteur fort recommandable, M. Ducastel, à soutenir que la Coutume de Normandie était une véritable coutume de communauté, malgré la disposition de l'art. 389 dont la rubrique est : *point de communauté entre mariés.*

Enfin, la dot apportée par la femme à son mari est appelée, comme dans les lois barbares et les coutumes germaniques, *maritagium*, mariage, et, sur cette dot, la femme fait à son mari, sous le nom de don mobil, un présent de noces qui, sans doute, fut autrefois le prix du *mundium*, comme la *meta* des Lombards, comme le *witemond* des

---

(1) La femme, après la mort du mari, a la moitié en propriété des conquêts faits en bourgage, constant le mariage ; et, quant aux conquêts faits hors bourgage, la femme a la moitié, en propriété au baillage de Gisors et en usufruit au Baillage de Caux, et le tiers en usufruit aux autres Baillages et Vicomtés. (Art. 529.)

(2) C'est ce que la loi salique appelle *Elaboratum.*

Bourguignons, ou comme enfin cette dot mobilière, cette *dos legitima* qui figure dans toutes les lois barbares (1).

La dot, en principe, est aliénable avec le consentement de la femme, c'est la disposition formelle de l'art. 538, qui porte textuellement : « Quand le mari, *du consentement de sa femme,* « ou la femme, *de l'autorité ou consentement de* « *son mari*, ont vendu et aliéné, les contrats sont « bons et valables, et n'y sont la femme ni ses

---

(1) L'achat de la femme par son mari est consacré, en termes très positifs, par les lois de Frothon III, roi de Danemarck. *Comm. Saxo gramen.*, lib. 5. Le don mobil peut, il est vrai, comprendre des immeubles ; mais c'est sans doute par l'effet d'une dégénérescence, car le nom indique que, dans l'origine, il ne devait s'exercer que sur les meubles.

Pour compléter le tableau du statut matrimonial de la Coutume de Normandie, il resterait à parler du droit aux meubles et du droit de viduité.

Le droit accordé à l'époux survivant, de prendre une part dans les meubles de son conjoint prédécédé, constitue évidemment un des caractères de la communauté de biens, et vient à l'appui de l'opinion de Ducastel, qui soutenait que la Coutume de Normandie était une coutume de communauté; quant au droit de viduité, qui consistait dans l'usufruit de tous les biens de la femme, et qui était accordé au mari lorsqu'il avait eu de sa femme un enfant né vif, qui eût *crié* et *bret*, cet enfant fût-il mort avant la dissolution du mariage, il paraît nous venir de la législation anglaise, et dérive évidemment de l'ancien droit coutumier usager et non écrit, établi sous les ducs.

« héritiers recevables , cessant minorité , dol,
« fraude, déception d'outre moitié du juste prix,
« force , menace ou crainte , telle qui peut tom-
« ber en l'homme constant ; car la seule révé-
« rence et crainte maritale n'est suffisante. »

Ne semble-t-il pas que le rédacteur de cet article ait voulu prendre le contre-pied de la loi de
Justinien (1), qui déclare la dot inaliénable même
avec le consentement de la femme, *etiam uxore
consentiente ?*

Et pourtant, cette contradiction n'est qu'ap-
parente ; car il résulte des deux articles suivants
que, si le prix du bien dotal n'a pas été *converti*
au profit de la femme , celle-ci doit en avoir la
récompense sur les biens de son mari, et , qu'en
cas d'insuffisance de ces derniers biens , elle peut
s'adresser aux détenteurs de ses biens dotaux ,
lesquels ont seulement l'option , ou de les lui dé-
laisser, ou de lui en payer *le juste prix* (2) au
jour de la dissolution du mariage. Or, d'après
les principes du droit romain, conservés dans
le droit écrit, il en était de même, et la femme,

----

(1) *L. Unic., cod. de Rei uxoriæ actione,* lib. 5, tit. 13.

(2) Art. 539 et 540 de la *Coutume,* 121, 124 et 125, des
Placités.

dont la dot avait été indûment aliénée, ne pouvait inquiéter les tiers-détenteurs qu'autant que les deniers n'avaient pas été employés à son profit, et que les biens de son mari ne suffisaient pas pour lui en répondre(1).

Pourquoi donc ces deux points de départ tant opposés, pour arriver au même but?

Si nous osions, sur cette question, hasarder une opinion, nous dirions qu'à une époque où l'étude du droit romain était universelle, où son autorité était reçue comme raison écrite, lorsqu'elle ne pouvait l'être comme loi positive, où tous les jurisconsultes étaient imbus de ses doctrines, il a fort bien pu se faire que des textes, puisés dans les lois barbares, mais vieillis et devenus obscurs, aient reçu de la jurisprudence une interprétation toute romaine, et se soient trouvés ainsi amenés à des conséquences fort éloignées de leur origine.

On sait, en effet, que la Coutume de Normandie, telle que nous la possédons aujourd'hui, n'a été rédigée qu'en 1584. Ce qui, jusqu'alors, avait été appelé le coutumier de Normandie et observé comme tel, était tout simplement l'œuvre

---

(1) L. xvii, ff. *De Fundo dotali et Novell.* 61.

privée d'un jurisconsulte, qui, sans mission offi-
cielle et sans sanction de l'autorité, avait écrit
les coutumes de son temps(1).

L'auteur de ce recueil, et l'époque à laquelle
il a été composé, sont restés inconnus. Nous savons seulement qu'il existait avant 1280, parce
que, cette année-là, une traduction en vers français en a été faite(2).

---

(1) Le style de tout le livre prouve assez que ce n'est pas à
titre de loi qu'il a été écrit, et, s'il restait sur ce point quelque
doute, il suffirait, pour le dissiper, de lire un prologue qui précède l'ouvrage, dans lequel l'auteur provoque en toute humilité
les corrections et les additions qui seraient jugées nécessaires
pour la perfection de son Recueil : « Pour ce que rien ne peut
« être trouvé parfait en ce que homme fait par étude, je requiers
« à ceux qui regarderont cette œuvre, qu'ils amendent ce qu'ils
« verront à amender, et y mettent ce qui y faudra, et en ôtent ce
« que lieu n'y tiendra et m'aident en toutes choses. » Assurément,
comme le fait très judicieusement observer M Daviel, dans ses
Recherches sur l'Origine de la Coutume de Normandie, ce
n'est point là le langage d'un législateur.

(2) Cette traduction a été imprimée dans le *Dictionnaire de
Houard*, (t. IV, Supplém., p. 619.)
On y lit les vers suivants :

Mil deux cents quatre fois vingt
Après ce que Jésus-Christ vint

. . . .

Mit Richard Dourbault ce livre
En rimes, au mieux qu'il put.

Or, les termes de cet ancien coutumier, au titre du *bref de mariage encombré* (1), avaient laissé en doute la question de savoir si la femme dont la dot avait été aliénée par son mari avec son consentement, ou par elle avec l'autorité et le consentement de son mari, pouvait revenir contre cette aliénation.

Ce doute ne fut levé qu'en 1539, par un arrêt de règlement du Parlement de Normandie, rendu, toutes chambres assemblées, à l'occasion d'un procès qui s'était élevé entre une dame Cerisey de Fauguernon, veuve Gaston de Brézé, et un sieur Guillaume de Manneville, acquéreur des biens dotaux de cette dame. « Pour ce que « puis aucun temps en ce pays et ressort de la « Cour, » dit Terrien, qui est le dernier commentateur de l'ancien coutumier normand, « les « juges, praticiens et advocats estayent en grande « difficulté de la forme et manière d'entendre, in-« terpréter et juger le bref de mariage encombré « contenu en la coutume du pays : aussi en grande

---

(1) Le bref de mariage emcombré était accordé à la femme dont la dot avait été aliénée *sans son consentement.*

C'était une sorte d'action possessoire en réintégrande qui devait être intentée par la femme ou ses héritiers dans l'an et jour de la dissolution du mariage. (Art. 557 de la Coutume.)

« incertitude de la validité ou invalidité des con-
« tracts et aliénations que les maris font des biens
« de leurs femmes de leur consentement, et les-
« dites femmes de l'authorité et consentement de
« leurs maris : afin que tels doutes cessent et
« soyent mis en quelque certitude pour éviter et
« fuyr tels procez qui s'en pourroient soudre en
« ladite court : pareillement mis en délibération
« ladite matière de bref de mariage encombré,
« et contracts des aliénations des biens des femmes
« mariées ; la court de Parlement a arresté et
« conclu en son registre les choses qui ensuyvent
« pour deffinir et juger lesdites matières , le cas
« offrant, selon qu'il est cy après contenu et dé-
« claré. Le tout par provision et jusques à ce
« que, par le Roy ou ladite court , pour aucunes
« causes ou considérations qui pourroient de nou-
« veau survenir , autrement en ait été ordonné. »

Vient ensuite l'arrêt qui décide deux choses
suivant moi tout à fait contradictoires , la première que les aliénations sont valables quand elles
sont faites par le mari, du consentement de sa
femme , ou par la femme avec l'autorisation de
son mari, et la seconde , que les aliénations, ainsi
valablement faites, donnent cependant lieu au
recours subsidiaire contre les acquéreurs, lorsque
les deniers n'ont pas verti au profit de la femme :

ubi pecunia non probaretur versa in utilitatem uxoris, et que la femme n'en peut trouver la récompense sur les biens de son mari.

N'est-il pas contraire à tous les principes du droit et de la raison, qu'un bien soit régulièrement vendu, que la propriété en ait été transférée légalement du vendeur à l'acquéreur, et que si, par un fait entièrement étranger à ce dernier, le vendeur fait ou laisse faire, par celui sous la puissance duquel il se trouve, un mauvais emploi de son prix, l'acquéreur soit tenu, au bout d'un temps plus ou moins long, de rendre l'objet de son acquisition ou de le payer une seconde fois?

Au moins la loi romaine est conséquente, quand elle déclare le bien dotal inaliénable ; celui qui achète malgré la prohibition de la loi, ne peut s'en prendre qu'à lui-même, lorsqu'il souffre une éviction; mais une loi qui, après avoir posé en principe la validité des aliénations, permet au vendeur de reprendre son bien ou de s'en faire payer le prix deux fois, semble tendre un piége à la confiance des acquéreurs.

Ces anomalies auraient sans doute frappé les rédacteurs de l'arrêt de 1539, ainsi que les auteurs de la coutume réformée, qui ont emprunté à cet arrêt toutes ses dispositions, s'ils n'avaient été dominés par le besoin de concilier les anciens principes du droit normand avec les principes du droit romain, qui, à cette époque, de 1539 et 1584, était, comme chacun sait, arrivé à l'apogée de sa faveur (1).

Quoi qu'il en soit de la manière dont s'est introduit, dans la coutume normande, le droit si exorbitant accordé à la femme de se faire restituer l'immeuble qu'elle a volontairement aliéné, ou de s'en faire payer le prix une seconde fois (2),

---

(1) Le xvie siècle fut le siècle de Cujas, et c'est tout dire.

(2) M. Marmier, bibliothécaire de l'ordre des avocats à la Cour royale de Paris, a publié en 1839, d'après un manuscrit français de la bibliothèque Sainte-Geneviève, *les Anciens Etablissemens et anciennes Coutumes du Duché de Normandie.* Ces Etablissements et coutumes paraissent antérieurs même à l'ancien Coutumier, et avoir servi d'éléments à sa composition. Je n'ai rien trouvé dans ces documents qui m'ait paru contenir, même en germe, le droit pour la femme de revendiquer le bien qu'elle a volontairement aliéné. J'y trouve, au contraire, cette disposition que : si le mari, du vivant de sa femme, a engagé la dot qui a été donnée devant la porte de l'église, ce n'est que par merci (*per misericordiam*), qu'on lui permet d'intenter l'action de parjure, et encore a-t-on soin de lui faire observer que, si elle obéit à l'ordre de son mari, elle fait ce qu'elle doit. (p. 4.) Ce qui, du reste, s'explique fort bien dans un temps et dans un pays où le mari, que Littleton appelle le baron, avait sur sa femme une autorité telle, qu'il pouvait la corriger comme un père corrige ses enfants, si elle occasionnait des querelles dans

il suffit d'ouvrir les recueils de jurisprudence pour être effrayé du nombre prodigieux de procès auquel il a donné lieu, et donne lieu encore tous les jours, dans les ressorts des cours royales de Caen et de Rouen.

Aussi le régime dotal de la coutume de Normandie était-il condamné par tous les esprits dès avant la chute de cette coutume, et ce qui s'est passé, lors de la promulgation de la loi du 17 nivôse an II, en est une preuve bien digne de remarque.

Cette loi avait pour titre : *Décret relatif aux donations et successions*, et elle autorisait, de la manière la plus absolue, les avantages entre époux, ce qui était une grave atteinte portée aux sévères dispositions du statut normand qui interdisaient si formellement toute extension donnée à la part de la femme dans les conquêts ; mais s'ensuivait-il que la libre disposition des biens dotaux fût rendue au mari, et que la communauté de biens, avec toutes ses conséquences,

---

le voisinage (Littleton, liv. 1er, ch. 4), et où celle-ci ne pouvait être entendue en justice contre son mari, que s'il avait commis contre elle le crime de *mehaing*, c'est-à-dire s'il lui avait crevé les deux yeux, ou bien cassé un bras ou une jambe, parce que, dit le vieil *Coutumier*, « ainsi ne doit-on pas châtier femme. »

telles, par exemple, qu'elle existait dans la coutume de Paris, fût permise aux Normands ? Il serait fort malaisé de le soutenir ; car, autre chose est le partage égal des acquêts, autre chose le régime de la communauté, en tant, surtout, qu'il atteint les biens propres de la femme, et en donne aux époux la libre disposition (1).

Quoi qu'il en soit, la loi du 17 nivôse an II ne fut pas plutôt promulguée, que l'on vit en Normandie la communauté de biens prise pour base de toutes les pactions matrimoniales, et, sur ce point, l'erreur (car c'en était une) fut si générale, que lorsque, dix ans plus tard, des difficultés s'étant élevées sur l'exécution de quelques-uns de ces contrats, on en vint à discuter juridiquement leur validité, les notaires alarmés se réunirent, et, dans un acte enregistré le 24 prairial de l'an XIII, et visé dans un arrêt de la Cour royale de Rouen du 10 messidor de la même année, ils déclarèrent que la loi du 17 nivôse an II avait toujours été comprise par eux comme autorisant la communauté de biens entre époux.

---

(1) Voir, à cet égard, plusieurs arrêts des Cours royales de Caen et de Rouen, notamment un arrêt de Rouen, du 4 juillet 1829, rapporté au *Recueil des arrêts de cette Cour*, t. II, p. 639. Voir aussi une intéressante dissertation de M. Senard, insérée dans la nouvelle *Collection des arrêts de Rouen*, vol. de 1838, p. 185.

Alors, les cours de Rouen et de Caen crurent pouvoir appliquer la maxime : *error communis facit jus*, et, afin de ne pas porter le trouble dans une foule de familles, où les droits de chacun avaient été réglés suivant des contrats faits en communauté, elles validèrent ces contrats en faveur de l'erreur commune, sous l'influence de laquelle ils avaient été rédigés. (1)

----

(1) Voir le *Journal des arrêts des Cours royales de Rouen et de Caen*. On lit notamment dans un arrêt de la Cour royale de Rouen, du 13 juin 1822 : « Attendu que les époux Alix ont « contracté mariage postérieurement à la publication de la loi « du 17 nivôse an II; que, depuis cette loi, et avant la promul- « gation du Code civil, la communauté de biens a été stipulée « en Normandie dans un grand nombre de contrats de mariage, « et que c'est par suite de l'erreur commune que les conventions « de communauté, rédigées entre époux normands, pendant « cet intervalle, ont été validées d'après la maxime : *Error « communis facit jus.* » (*Journal des arrêts*, t. 3, p. 358.)

On lit dans un autre arrêt de la même Cour, du 4 juillet 1827 : « .... Considérant que les lois des 17 nivôse, 22 ventôse « et 9 fructidor an II, ne sont relatives qu'aux donations et « successions; que si, sous l'empire de ces lois, il a été stipulé « que les époux stipuleraient le régime de la communauté, ce « n'était que par suite de l'erreur commune dans laquelle on « était tombé alors, et par une fausse interprétation des « art. 13, 14 et 61 de la loi du 17 nivôse; de même que, si la « jurisprudence a validé de pareilles stipulations, ce n'a été que « pour ne pas détruire *une infinité de contrats* sous la foi des- « quels ces mariages étaient célébrés depuis plusieurs années. » (*Journ. des arrêts*, t. II, p. 639.)

Une jurisprudence récente a modifié cette doctrine.

C'était assurément une énergique protestation contre le régime dotal du statut normand, que cet empressement de tous à le déserter avant même que la législation nouvelle eût permis de s'y soustraire.

Comment se fait-il qu'aujourd'hui, que le Code civil a non-seulement autorisé l'adoption du régime de la communauté, mais en fait le droit commun de la France, les Normands en soient revenus au régime dotal, que, par certaines complications de société d'acquêts et de faculté d'aliéner moyennant remploi, ils ont cherché à rendre autant semblable qu'ils l'ont pu au statut matrimonial de leur ancienne coutume ?

Cette bizarrerie a frappé tout le monde. Un jurisconsulte éminent, M. Senard (1), a cru pouvoir s'en rendre compte en se reportant aux circonstances dans lesquelles apparut la loi du 17 nivôse, et en comparant le mouvement des esprits, à cette époque, avec leur état dans les années qui suivirent la promulgation du Code civil.

---

(1) Voir la *Dissertation* déjà citée.

Je suis heureux de trouver cette occasion de m'appuyer sur une autorité aussi imposante que la sienne, et de citer ses éloquentes paroles :

« En l'an II, dit-il, le besoin d'unité dans la législation, l'annonce d'un projet de loi qui devait rendre la communauté obligatoire, la tendance générale à faciliter la libre transmission des immeubles que les institutions politiques avaient, jusque-là, cherché à parquer dans certaines familles, enfin, la longue expérience des entraves, des fraudes et des chicanes de toute espèce que le régime dotal traîne à sa suite, tout concourait à faire saisir avec avidité un système qui, s'il accorde aux deux époux une liberté dont ils peuvent parfois abuser, présente l'immense avantage de favoriser le développement de la fortune publique, d'offrir des garanties sérieuses à la bonne foi, et de tarir la source d'innombrables procès.

Quelques années plus tard, l'effroi répandu par les désastres financiers qui suivirent la chute des grandes fortunes improvisées sous le Directoire, la faculté, malheureusement donnée par notre nouveau Code, d'amalgamer tous les régimes à la fois dans les contrats de mariage, et, pardessus tout, peut-être, cette espèce de réaction vers le passé qui suit toujours les mouvements fortement progressifs, et que la politique impériale seconda si puissamment en France, toutes ces causes ramenèrent notre province aux habitudes étroites et circonspectes, que des idées plus élevées et plus fécondes avaient un moment effacées, et, bientôt, la soumission au régime dotal, avec société d'acquêts et interdiction d'aliéner les biens dotaux sans un bon et valable remplacement, est devenue la formule presqu'invariable des contrats de mariage, et nous ont rendu les complications et les tristes débats dont nous avions dû espérer être à jamais affranchis. »

CHAPITRE QUATRE.

DE LA DOT SOUS LE RÉGIME DE LA COMMUNAUTÉ DE BIENS ENTRE ÉPOUX.

Après avoir conduit l'histoire du régime dotal jusqu'à l'époque où les législateurs du Code civil se sont emparé de lui, il nous paraît à propos de revenir sur nos pas pour amener au même point cet autre régime qui, placé dans le Code à côté du régime dotal, constitue avec lui notre statut matrimonial.

L'histoire de la société conjugale chez les Romains, nous a présenté trois époques distinctes :

L'une, toute barbare, pendant laquelle la femme, soumise au droit du plus fort, appartient au père qui l'a engendrée ou au mari qui l'a achetée.

L'autre, que j'appellerai *sociale*, époque de civilisation païenne, où, la société civile s'étant constituée, les hommes ayant réuni leurs forces pour soutenir et défendre ensemble des intérêts communs, la femme n'appartient plus à l'individu, mais à l'association, à l'Etat, et n'est confiée à l'homme qu'à la condition que l'homme la fécondera, la fera produire dans l'intérêt de la république.

La troisième, enfin, est l'époque chrétienne. La femme a conquis son individualité. Elle n'appartient plus à l'homme que par les liens d'une soumission volontairement consentie en échange de la protection dont elle a besoin, ni à l'Etat, si ce n'est comme membre de la grande famille que l'Etat dirige et gouverne. Elle s'appartient, avant tout, à elle-même. Elle dispose d'elle et peut opposer aux volontés de l'homme une volonté puisée dans les libres inspirations de sa conscience. Enfin, la femme a une âme qui la fait l'égale de l'homme. Elle est soumise aux mêmes devoirs, appelée aux mêmes destinées. Ce n'est plus un instrument, c'est une intelligence, qui complète celle de l'homme en s'associant à elle.

La première de ces époques est celle de la *manus*; la seconde, celle de la dotalité; la troisième, celle de la donation à cause de noces, équilibrant la constitution dotale et établissant entre les époux complète réciprocité d'avantages.

Si, maintenant, nous supprimons par la pensée la seconde de ces trois périodes; si nous supposons la troisième succédant immédiatement à la première, le flambeau du christianisme venant luire directement sur l'époque de la barbarie, nous verrons la femme accomplir, au sein même de la famille, sa transformation morale ; nous la verrons s'émanciper peu à peu, à mesure que la lumière divine, pénétrant dans son âme, lui révèlera le secret de ses destinées providentielles, et que l'homme, au pouvoir de qui elle se trouve encore, apprendra à respecter en elle l'image de la nouvelle divinité qu'il adore.

Alors une intimité plus grande unira les deux époux ; les relations se modifieront ; le mari demandera à la confiance, à l'amour de sa femme, ce qu'avant il exigeait de son abjecte servilité. Celle-ci, de son côté, viendra prendre place auprès de lui au foyer domestique. Les enfants, les serviteurs, respecteront en elle la compagne, l'associée du maître ; et, si le mari continue seul encore à diriger la famille, à gérer la fortune, ce ne sera plus comme *propriétaire* de l'un et de l'autre, mais ce sera comme le plus puissant et le plus capable, comme le *chargé* de tous les pouvoirs, enfin comme le *chef de la communauté* ; car la communauté de biens doit tout naturellement prendre place dans ce nouvel état de la société conjugale.

C'est là ce qui est arrivé chez tous les peuples autres que les Romains, et ce qui serait arrivé chez les Romains eux-mêmes, si des circonstances politiques que nous avons fait connaître, des besoins sociaux d'accroissement de population, n'avaient créé pour eux un ordre de choses tout spécial, tout exceptionnel, et engagé leur législation dans des voies inconnues aux autres nations.

Ainsi, tandis que les Romains, dépravés par les fausses lumières d'une civilisation païenne et inquiets de la dépopulation de leur cité, fesaient des lois pour assurer aux femmes la conservation de leur dot, les Germains, encore barbares, mais dirigés par les heureux instincts de leur nature, vivaient avec leurs épouses dans une intimité qui rendait ces précautions inutiles, et qui, comme nous allons le voir, contenait en germe cette communauté de biens sur l'origine de laquelle nos jurisconsultes n'ont tant disputé que parce qu'élevés à l'école du droit romain, et prenant l'exception pour la règle, c'est du point de vue de la dotalité qu'ils l'ont toujours cherchée.

Lorsque Tacite, imbu des idées qui dominaient dans la législation de son pays, voulut décrire les mœurs des Germains, il s'étonna de ce que, chez eux, ce n'était point la femme qui apportait une dot au mari, mais le mari qui offrait une dot à la femme, *dotem non uxor marito sed uxori maritus offert. (De morib. Germ.,* § 18.) Et pourtant, ce qui paraissait à cette historien une singularité, tenait à un fait commun à toutes les législations primordiales, à celle de Rome elle-même, au *mariage par achat.* Les Germains en étaient encore à cette période de barbarie, dans laquelle la femme était achetée par le mari qui la payait à son père. Ce qui s'appelait la *manus* chez les premiers Romains, s'appelait le *mundium* chez eux. Le *mundium* exprimait à la fois le droit du père sur les enfants et le droit du mari sur la femme (1), et nous voyons, par les lois barbares qui nous ont été conservées, que ce *mundium* passait du père au mari au moyen d'un certain prix qui, sous les différents noms de « prix d'achat *(pretium emptionis),* prix nuptial *(pretium nuptiale),* witemond, meta », n'était autre que la dot offerte par le mari à la femme ou aux parents de la femme.

Disons pourtant qu'entre le *mundium* et la *manus,* il existait une différence qui nous est, en quelque sorte, indiquée par l'étymologie des deux mots. *Mundium* vient d'un mot germain qui

---

(1) Heineccius, *Elementa juris germanici,* lib. 1, tit. 6, § 132.

veut dire *bouche*, *manus* veut dire *main*. La bouche conseille, persuade, et, au besoin, commande; la main force et contraint; la bouche représente la puissance morale, la main, la puissance matérielle (1).

C'est qu'au milieu de leurs forêts et de leurs marais sauvages, les Germains avaient mieux compris la nature de l'association conjugale que ces fiers Romains qui les traitaient de barbares.

Tacite nous les représente conduisant avec eux leurs femmes et leurs enfants à ces armées nomades et permanentes où chaque famille formait un bataillon, combattant sous les yeux de leurs épouses, s'excitant de leurs clameurs, et leur apportant avec orgueil leurs blessures à compter (2).

---

(1) Ainsi, l'homme qui, par le mariage, acquiert le *mundium*, se trouve subrogé aux droits du père sur la femme qu'il épouse. Nous nous sommes attaché, dans notre premier chapitre, à démontrer que, chez les Romains, la *manus* n'était que la continuation de la puissance paternelle. Ici notre tâche serait plus aisée, puisque c'est le même mot qui exprime à la fois le droit du père et celui du mari.

Encore de nos jours, dans la législation des Suédois, le même mot, « *giftoratt* », exprime à la fois le droit du père et celui du mari.

(2) « Quodque præcipuum fortitudinis incitamentum est non casus nec fortuita conglobatio, turmam aut cuneum facit; sed familiæ et propinquitates, et in proximo pignora unde fœminarum

Une femme, chez eux, n'a qu'un mari, nous dit encore Tacite, comme elle n'a qu'un corps et qu'une ame; le mari est le seul objet de toutes ses pensées, de tous ses désirs; il n'est pas seulement le mari pour elle, il est le mariage tout entier (1). De leur côté, les hommes aiment leur femme de cet amour jaloux qui n'est pas connu à Rome (2); ils craignent plus la captivité pour elles que pour eux-mêmes; supposant à ce sexe quelque chose de religieux et d'inspiré, ils se gardent bien de rejeter ses avis ou de douter de ses oracles. *Inesse sanctum aliquid et providum patant, nec*

---

ululatus audiri, unde vagitus infantium : hi cuique sanctissimi testes, his maximi laudatores. Ad matres, ad conjuges vulnera ferunt, nec illæ numerare aut exigere plagas pavent, cibosque et hortamina pugnantibus gestant. » *De morib. Germ.*, § 7.

(1) « Sic unum accipiunt maritum, quomodo unum corpus, unamque vitam, ne ulla cogitatio ultra, ne longior cupiditas, ne tanquam maritum, sed tanquam matrimonium ament. » (Id., § 19.)

(2) Chez les Germains, l'adultère était puni plus sévèrement encore par les mœurs que par les lois. La femme coupable, ignominieusement chassée de la maison de son mari, ne recevait d'appui nulle part. Ni son jeune âge, ni sa beauté, ne pouvaient lui faire trouver des consolateurs; « *nemo enim illic vitia ridet* », nous dit encore Tacite. Aussi, le même historien remarque-t-il que, pour une nation aussi nombreuse, on ne comptait que fort peu d'adultères. *Paucissima in tam numerosâ gente adulteria.* (§ 19.)

*aut consilia earum adspernantur, aut responsa
negligunt.*

Enfin, c'est la vie patriarcale et de famille
transportée au milieu des camps. L'épouse se fait
guerrière pour partager les dangers et les fatigues
de son mari, comme, chez les peuples pasteurs,
elles s'associent aux paisibles occupations de sa
vie champêtre.

Maintenant que, la conquête ayant terminé la
guerre, les Germains s'établissent en vainqueurs
au sein de nos fertiles contrées, qu'ils fassent
succéder les occupations de l'agriculture, du
commerce, de l'industrie, de tous les arts de la
paix, au tumulte des combats, et nous allons
voir la condition de leurs épouses se rapprocher
beaucoup de ce qu'est encore aujourd'hui la
condition des nôtres. Tout naturellement, la
femme qui faisait la guerre avec son mari, culti-
vera son champ avec lui, l'aidera dans les opé-
rations de son négoce, s'associera aux spéculations de son industrie; et, si cette collaboration
commune a augmenté le patrimoine des époux,
lorsque le moment de la séparation sera venu,
l'équité suggèrera l'idée de partager les biens
acquis par les efforts communs, en d'autres
termes, *la société des acquêts.*

Ainsi voyons-nous les éléments de la communauté de biens entre époux sortir du chaos des institutions barbares, au soufle vivifiant de la civilisation chrétienne.

Il est curieux de suivre dans les lois barbares d'abord, puis ensuite dans nos anciennes coutumes françaises, la progression de ce travail civilisateur par l'effet duquel la femme est montée au rang qu'elle occupe dans notre société moderne, et le mariage est devenu, pour la loi religieuse, un sacrement, et, pour la loi civile, le plus révéré des contrats.

Plusieurs lois barbares nous montrent encore dans toute sa crudité l'achat de la femme par le mari.

« *Si vir virginem mercetur, pretio empta sit.* » (Lex Æthelberti, 72.)

« *Uxorem ducturus* 3oo *solidos det parentibus ejus.* » (Lex Saxonum, t. 6.)

Ainsi, le mari achète la femme qu'il veut épouser, et en paie le prix à ses parents. C'est une affaire qui se traite, un marché qui se conclut entre eux et lui. La femme n'y est point partie, il ne paraît même pas que son consentement soit nécessaire.

Toutefois, après la conquête, il n'en était plus ainsi chez tous les Barbares, et, dans une loi des Bourguignons, nous voyons le tiers du *Wittemon,* payé par le mari à la femme elle-même. « *Puellæ quæ marito traditur….. de wittemon tertiam partem accipiat.* » Tit. 66.

Nous voyons même, dans une loi des Lombards, la *Meta,* qui, comme le *Wittemon,* est le prix du *Mundium,* remise tout entière aux mains de la fiancée….. « *Et meta quæ exacta fuerit sit in potestate puellæ.* » (Lex Rotharis, 78.) (1)

Entre ces dernières lois et les premières, il y a toute une révolution accomplie dans la condition des femmes.

Dès que ce sont elles qui reçoivent le prix du *Mundium,* elles sont nécessairement parties au contrat.

————————————————————————

(1) De même, chez les Visigoths, la dot était livrée à la jeune fille. Seulement, son père pouvait se la faire remettre par elle pour la lui conserver ; mais, à défaut de son père ou de sa mère, ses frères ou ses autres parents n'avaient pas le même pouvoir :

« *Dotem puellæ traditam exigendi vel conservandi ipsi puellæ habeat potestatem ; quod si pater aut mater defuerint, tunc fratres vel proximi parentes dotem quam susceperint ipsi consorori restituant.* (Lib. 3, tit. 1, § 6.)

On ne les vend plus, on ne dispose plus d'elles sans leur adhésion. Ce sont elles qui se donnent librement au mari de leur choix.

Il est vrai qu'elles se donnent pour de l'argent; mais cet argent, qu'en pourront-elles faire? Soumises, en toutes choses, à l'autorité du mari, ne sera-ce pas lui qui réglera leurs dépenses? Ainsi, l'argent qu'il donne d'une main, il le reprendra de l'autre.

Le prix du *Mundium* se comprenait fort bien quand il était payé aux parents de l'épouse, mais il perdit toute signification, et n'eut plus de sens, le jour où il dut être payé par le mari à la femme elle-même, qui tombait immédiatement dans sa puissance avec tout ce qu'elle possédait.

Aussi ne demeura-t-il dans l'ancien droit qu'à l'état de symbole.

On sait qu'en France, au moyen-âge, les mariages se contractaient toujours par le sou et le denier : « *Per solidum ac denarium.* »

C'était une formule, et ce n'était rien de plus; mais, dans cette formule, dans ce sou et ce denier de la loi salique, il est impossible de ne pas voir un souvenir de la coemption, qui constituait autrefois le mariage.

Encore de nos jours, dans les cérémonies du culte catholique, la pièce de monnaie que le futur remet à sa fiancée peut être, sans contredit, considérée comme un emblême du prix moyennant lequel il lui aurait jadis fallu l'acheter.

Au *Mundium* succéda la *Mainbournie*.

Comme le *Mundium*, la *Mainbournie* exprime l'ensemble des droits du mari sur la personne de la femme; mais, entre l'un et l'autre, on aperçoit cette différence radicale que, tandis que le *Mundium* était évidemment créé dans l'intérêt du mari, la *Mainbournie*, au contraire, semble n'avoir pour objet que l'intérêt de la femme elle-même; car il ne donne au mari d'autre puissance sur elle que celle dont il a besoin pour la défendre contre la faiblesse de son sexe : « *Contra sexûs inopiam.* »

Aussi le *Mundium* était-il acheté fort cher par le mari qui voulait l'acquérir, tandis que la *Mainbournie* ne fut plus payée que d'un prix symbolique. Elle était gratuitement offerte au mari par la femme elle-même qui cherchait en lui un protecteur, ayant besoin d'un guide comme le corps a besoin d'une tête. « *Sit maritus caput* « *mulieris.* »

Mais, tandis que, chez un peuple civilisé et devenu chrétien, la dot, prix du *Mundium*, empruntée à une institution toute barbare, et sévèrement condamnée par la religion nouvelle, perdait tout à la fois sa signification et sa réalité, une autre espèce de dot, dont nous allons parler, devait naturellement prendre de l'importance.

C'était un usage général chez les Germains que le mari fît à sa femme, le lendemain du mariage, un présent appelé le présent du matin: « *Morgengabe* »

Ce présent, qui était le prix de sa virginité et de sa beauté, *pretium virginitatis*, *pretium pulchritudinis*, était toujours reçu par elle, même à l'époque où le prix du *Mundium* se payait à ses parents.

Il n'était pas, comme ce prix, essentiel à la validité du mariage; et ce qui, surtout, aurait toujours dû empêcher qu'on ne les confondît, c'est que, tandis que la dot, prix du *Mundium*, ne pouvait consister que dans des biens présents, parce que, du jour du mariage, ces biens étaient irrévocablement acquis en pleine propriété, soit à la femme, soit à ses parents (1), le *Morgengabe*,

---

(1) « Si quis mulierem desponsaverit, quidquid ei per tabularum seu chartarum instrumenta conscripserit perpetualiter inconvulsum permaneat.

« Si autem per seriem tabularum nihil ei coutulerit, si virum supervixerit quinquaginta solidos in dotem recipiat. » (L. Ripuarum, tit. 57.)

au contraire, pouvait consister dans une certaine quotité des biens à venir du mari, c'est-à-
dire de ceux qu'il laisserait à son décès (1); car
il n'était dévolu à la femme qu'autant qu'elle
survivait, et en usufruit seulement, la nue-pro-
priété en étant toujours réservée, soit aux enfants, soit aux autres parents du mari.

Son but était d'assurer l'existence de la femme,
si elle devenait veuve, et d'empêcher qu'elle ne
fût, après le décès du mari, chassée du manoir
commun, et dépouillée des objets qu'elle avait
possédés avec lui; mesure de prévoyance d'autant plus utile, d'une part, qu'elle ne lui succédait pas, et qu'elle n'avait point, pour la conservation de sa dot, les mêmes garanties que chez
les Romains; puis, d'une autre, que les donations entre époux, pendant le mariage, étaient
interdites.

Rien ne pouvait donc être plus convenable
que d'assurer à l'épouse le droit de jouir pendant
sa vie, si elle devenait veuve, d'une partie des
biens immeubles de son mari; rien n'était plus

______

(1) « Manifesta causa est quoniam die illo quando te sponsavi,
promiseram tibi dare justitiam tuam secundum meam legem in
morgencap, id est, quartam portionem omnium rerum mobilium
aut immobilium quas nunc habeo et inantanea habuero. »

propre à resserrer les liens de l'intimité entre les époux, et à faire naître parmi eux cette communauté d'intérêts si nécessaire au bonheur conjugal. Aussi, le don du matin demeura-t-il dans notre droit français.

Il y reçut d'abord le nom tout-à-fait poétique du baiser(1), dont le mari, qui le faisait après la nuit nuptiale, ne manquait jamais de l'accompagner : puis, quand l'église intervint d'une manière plus essentielle dans la célébration des mariages, elle le prit sous sa protection, et il devint la *Dot* canonique, « *dos ad ostium ecclesiæ* », constituée à la porte de l'église, et aussi indispensable que la bénédiction ecclésiastique à la validité du mariage(2)?

Enfin, cette dot s'est appelée *Douaire* dans notre droit coutumier(3), et, sous ce nom, elle a subsisté jusqu'à la loi du 17 nivôse an II, qui,

---

(1) Osclum, osculum, oscleia. Ducange, IV, 1406.

(2) Voir les Capitulaires, et notamment le décret du Concile d'Arles. Grotius, capitul., lib. 7, cap. CV.

(3) Le *Douaire* est défini par Glanville :

« Quod liber homo dat sponsæ suæ ad ostium ecclesiæ propter « nuptias futuras et onus matrimonii et educationem liberorum « cum fuerint procreati, si vir moriatur... » Voir Ducange, verbis *Dos*, *Doarium*.

en autorisant les donations entre époux durant le mariage, la rendait inutile.

Sans doute, entre le *Morgengabe* de la loi des Lombards et le *Douaire* de nos coutumes, bien des différences peuvent être signalées ; mais ces différences ne sont pas telles, qu'on ne puisse aisément reconnaitre la commune origine des deux institutions.

Ainsi, ce n'est pas, à la vérité, le lendemain des noces que le *Douaire* se constitue ; c'est avant le mariage, à la porte de l'église ; mais le douaire, ainsi constitué, est soumis à une condition résolutoire, et il demeure comme non avenu, si le mariage ne se réalise pas.

Sous les coutumes de Clermont-en-Beauvaisis (1), de Valais (2), de Chartres (3), de Dreux (4), de Château-Neuf (5) et de Normandie (6), la femme gagnait son douaire au coucher : sous

______

(1) Article 158.
(2) Article 102.
(3) Article 12.
(4) Article 43.
(5) Article 33.
(6) Article 367.

celles de Ponthieux (1) et de Bretagne (2), le douaire lui était acquis dès qu'elle mettait le pied au lit pour coucher avec son mari, et nous voyons, dans les *Institutes coutumières* de Loysel, que, dans le principe, cette règle était universelle (3).

Le *Douaire* était donc encore le prix de la virginité, comme l'avait été autrefois le don du matin.

C'était encore aussi par des paroles de présent, que, sous les coutumes, le douaire se constituait (4).

La formule consacrée était celle-ci : « *Et du douaire te doue, qui est devisé entre mes amis et les tiens* (5). »

---

(1) Article 32.

(2) Article

(3) On disait jadis : « Au coucher gagne la femme son douaire. Maintenant, dès lors de la bénédiction nuptiale. » (Liv. 1, tit. 3, § V.)

(4) *Etudes sur les Coutumes*, par Klimrath, p. 119.

(5) Loisel, *Inst. coutum.*, liv. 1, tit. 3, § 1. Dès le temps de Tacite, chez les Germains, les présents du mari devaient être agréés par les parents de la femme. (*De morib. Germ.*, § 18.)
Ce ne fut que sous le règne de Philippe-Auguste, qu'à défaut d'un douaire ainsi convenu entre les amis des époux, douaire appelé *conventionnel* ou *préfix*, on établit un douaire *coutumier* ou *légal*, qui, généralement, consistait dans la moitié des biens possédés par le mari lors du mariage. (*Voir* Beaumanoir, *Coutume du Beauvoisis*, chap. 13, p. 75 et 76, et Loysel, *Inst.*)

Enfin, et c'est là surtout le caractère essentiel du *Douaire*, comme c'était le caractère essentiel du *Morgengabe*, la femme n'en prenait possession qu'à la mort de son mari (1), et elle n'avait que l'usufruit des biens qui le composaient. Après elle, il retournait, soit aux enfants, soit aux autres héritiers du mari (2).

Il nous reste à parler d'une troisième institution qui, à la différence du *Douaire* et du prix du *Mundium*, n'a jamais été appelée *Dos* dans l'ancien droit, et qui est cependant la seule que nous connaissons aujourd'hui sous le nom de *Dot*.

Assurément, nos ancêtres nous paraissent bien barbares, quand nous songeons que, chez eux, le mariage était un achat, et que la femme était vendue par son père à son mari; mais, eux, qu'auraient-ils pensé de nous, s'ils avaient prévu l'époque où un père serait obligé de donner beaucoup d'argent à sa fille, pour qu'un mari veuille bien la lui prendre?

Ce n'est pas à dire, cependant, que l'usage de doter les filles leur fut tout-à-fait inconnu.

---

(1) C'est ce qui faisait dire sous l'ancien droit : « *Jamais mari ne paya douaire.* » (Loysel, *Inst. coutum.*, liv. 1, tit. 3, § 6.)

Tant que la femme vivait, le douaire s'appelait *Douaire égaré ;* et il devenait *caduc*, si elle mourait avant son mari (*Id.*, § 37.)

(2) *Voir* Pothier, *du Douaire*, part. 1, chap. 5.

Nous le trouvons en germe dès le temps des Germains; mais ce que la femme apportait alors au mari était bien peu de chose en comparaison de ce que le mari donnait aux parents de la femme, et, sous les coutumes encore, la donation du mari, le douaire, jouait le principal rôle. C'était, comme le fait justement observer M. Laboulaye (1), le contrepied des idées romaines.

Quand Tacite décrit les mœurs des Germains, après avoir mentionné la dot offerte par le mari à la femme, il ajoute : « *Atque invicem ipsa armorum aliquid viro offert* (2), et, de son côté, celle-ci offre à son mari quelques armes. »

Plus tard, cette dot prit le nom de *Faderfium* (Vadersfels) ce qui signifiait les troupeaux du père (3).

Avant la conquête, des armes et des troupeaux faisaient la seule richesse des Germains encore nomades.

Quand ces barbares se furent partagé le sol conquis par leurs armes, le père ou le frère, en

---

(1) *Histoire de la propriété foncière en Occident*, lib. 9, ch. 8.

(2) § 16.

(3) Heineccius, *Elementa juris germanici*, tit. *de Dotibus*, § 224. — Pour toute cette partie de l'ancien droit, qui se traduisait par des symboles, nous ne pouvons mieux faire que de renvoyer à l'ouvrage si intéressant et si complet de M. Chassan, intitulé : *La Symbolique du Droit*.

mariant sa fille ou sa sœur, put lui donner, à titre de légitime, quelques immeubles, pour lui tenir lieu de ses droits au patrimoine de la famille qu'elle quittait (1). Le *Faderfium* des lois barbares a pris, dans les chartes du moyen-âge, le nom de *Maritagium*, d'où sont venus les mots *Mariage*, *Mariage-avenant*, usités dans nos coutumes.

Le *Mariage-avenant* des coutumes était, comme le *Faderfium*, un avancement, ou plutôt un remplacement d'hoirie qui, ne consistât-il que dans *un chapel de roses* (2), enlevait à celle qui l'avait reçu tous droits à la succession paternelle (3).

Disons maintenant quels étaient les droits du mari sur ces biens apportés par la femme.

Chez les Germains, et comme conséquence du *Mundium*, ils étaient absolus (4). Il était assez

---

(1) « Si pater filiam suam aut frater sororem suam legitimam alii ad maritum dederit, in hâc sibi sit contenta de patris aut fratris substantiâ, quantum pater in die nuptiarum dederit et amplius non requirat. »

(2) Expression usitée dans diverses coutumes, notamment dans celles d'Anjou, du Maine, de Ludunois, etc.

(3) Voir Merlin, *Rep. de Jurisp.*, verbo *Mariage avenant*. Aujourd'hui, la femme dotée par ses parents, vient néanmoins à leur succession, mais elle y rapporte ce qu'elle a reçu.

(4) « *Quæcumque mulier burgundia vel romana voluntate suâ ad maritum ambulaverit, jubemus ut maritus ipse facultate ipsius mulieris sicut in eam habet potestatem, ita et de rebus suis habeat.* » Add. ad Leg. Burg., tit. 15.

naturel que le mari eût sur les biens de sa femme les mêmes pouvoirs que sur sa femme elle-même; mais, quand il ne fut plus maître absolu de la personne, il n'eut plus la propriété des biens, et ses droits, durant le mariage, se réduisirent à ceux d'une simple administration.

La femme demeurait donc propriétaire des biens qu'elle avait apportés à son mari; mais pouvait-elle en disposer sans son aveu? Non sans doute(1), car la *Mainbournie* donnait à celui-ci des droits à leur jouissance, qui devaient être respectés (2).

Le mari, de son côté, ne pouvait aliéner ces biens sans le consentement de sa femme, et, s'il s'était permis de le faire, la vente était nulle, comme est toujours nulle la vente de la chose d'autrui.

Disons, toutefois, qu'il y avait une exception à faire pour les meubles Ils tombaient dans la

____

(1) « Nec aliquid de rebus mobilibus aut immobilibus sine voluntate ipsius in cujus mundio fuerit habeat potestatem donandi aut alienandi. » (*L. Rotharis* , p. 205.)

(2) Les maris ont puissance sur leur personne; aussi l'ont-ils , à plus forte raison, sur leurs biens. Loyseau : *Du Déguerpissement* , liv. 2, chap. 4, n° 7.

communauté, et, à ce titre, le mari, comme maître de la communauté, avait droit d'en disposer.

La raison de cette différence est facile à saisir; d'abord, les meubles n'ont pas de suite comme les immeubles, et la règle, qu'en fait de meubles, la possession vaut titre, doit être aussi ancienne que le droit, car elle est fondée sur la nature même des choses. D'un autre côté, le droit d'administrer a dû aussi, de tout temps, entraîner le droit de disposer du mobilier, car la nature des choses le veut encore ainsi.

Mais, à la dissolution du mariage, les droits du mari, conséquence du *Mundium* ou de la *Mainbournie*, venant à cesser, ceux de la femme reparaissaient (1), et, comme ses meubles avaient été confondus avec ceux de son mari sous l'administration de ce dernier, il était tout simple qu'elle prît une part dans la masse composée des uns et des autres.

Autrefois, si un immeuble, propre à un des époux, était vendu pendant le mariage, les deniers qui provenaient de l'aliénation, tombant

----

(1) Dumoulins a défini ainsi la position de la femme pendant le mariage : « *Non est proprie socia sed speratur fore* » ; et un autre commentateur de la Coutume de Normandie a dit du mari : « *Vivit dominus, moritur socius.* »

comme chose mobilière dans la communauté, étaient, à la dissolution du mariage, et comme conséquence de ce que nous venons de dire, partagés entre les époux.

De là était venu ce vieil adage que Loysel nous a conservé : *Le mari doit se relever trois fois la nuit pour vendre le bien de sa femme.*

Il y avait effectivement à cela tout profit pour lui, car il n'aurait point partagé l'immeuble, et il partageait le prix.

Pour remédier à cet état de choses qui, outre l'abus que le mari pouvait faire de son influence sur sa femme, avait l'inconvénient de faciliter entre les époux des avantages indirects, alors sévèrement prohibés, les coutumes et les arrêts établirent que, si le propre de l'un des époux venait à être vendu pendant le mariage, cet époux devenait créancier, sur la communauté, du prix total de l'aliénation, et pouvait, lorsque la communauté se liquidait, prélever ce prix avant tout partage.

Rien n'était assurément plus rationnel et plus équitable ; mais il fallait un corollaire.

De même qu'il pouvait arriver qu'un immeuble propre à l'un des époux se convertît en deniers, il pouvait arriver aussi que des deniers appartenant à la communauté fussent employés à l'acquisition d'un immeuble. C'était ce qu'on appelait faire un *acquêt*. N'était-il pas juste, alors, que cet immeuble, cet acquêt, tombât dans la communauté, comme y étaient tombés les deniers qui avaient servi à l'acquérir ?

Cela était d'autant plus équitable, que, si la communauté s'était enrichie, la femme y avait nécessairement contribué. Car les femmes n'ont jamais vécu, en France, comme nous avons dit qu'elles vivaient autrefois chez les Romains, en dehors des habitudes et des occupations de leurs maris.

Si le mari est ouvrier, la femme travaille avec lui. S'il est commerçant, elle tient ses écritures, et souvent prend une part aussi active que la sienne dans la gestion de ses affaires. Enfin, s'il est spéculateur, il est bien rare qu'elle ne soit pas consultée ; elle est toujours, au moins, chargée des dépenses journalières et de la direction du ménage ; l'ordre et l'économie qu'elle y apporte influent puissamment sur l'augmentation de l'avoir commun. Elle a donc droit de partager avec son mari les *acquêts* de la communauté, puisqu'ils sont les fruits de sa collaboration.

Ce partage des acquêts, nous le trouvons dans la loi des Wisigoths (1), dans celle des Saxons (2) et dans celle des Francs-Ripuaires (3).

Nous le retrouvons ensuite dans les capitulaires de Charlemagne (4), puis dans les formules de Marculphe (5), puis dans toutes nos anciennes coutumes.

Mais si, au lieu d'avoir prospéré, la communauté s'est endettée, s'est ruinée, la femme qui, dans le premier cas, aurait pris part aux bénéfices, sera-t-elle indéfiniment tenue aux dettes ?

Non. Ici la loi vient à son secours, et c'est encore de toute équité; car le mari était le chef de la communauté, c'est lui qui l'a gérée et admi-

---

(1) « De omnibus augmentis vel profligationibus, pariter conquisitis, tantam partem unusquisque obtineat, quantam ejus facultatem fuisse. « (Lib. 4, tit. 2, ch. 16.)

(2)..... « De eo quod vir et mulier simul conquisierint mulier mediam portionem accipiat. » (Tit. 8.)

(3) Si maritus uxori per seriem scripturarum nihil contulerit, si virum supervixerit, 50 solidos in dotem recipiat, et tertiam partem de omni re quam simul collaboraverint, sibi studeat evindicare..... Quod si ex his quæ conscripta vel tradita sunt simul consumpserint aliquid, nihil requirat. » (Tit. 57, §§ 2 et 5.)

(4) « Volumus ut uxores defunctorum, post obitum mariti, tertiam partem collaborationis, quàm simul in beneficio collaboraverunt accipiant. › (Lib. 4, § 9.)

(5) Quas pariter stante conjugio adquisivimus prædicta conjux tertiam habere potuerat. » (Lib. 2, cap. 17.)

nistrée; c'est lui qui, comme maître, a pu, sourd aux conseils de sa femme, sourd à ses prières, compromettre, par des spéculations imprudentes, ou dissiper, au gré de ses passions, la fortune confiée à ses soins. Serait-il juste que la femme subît, sans restriction, les conséquences d'une association malheureuse à la conduite de laquelle elle n'a pris aucune part?

Les auteurs (1) enseignent que ce fut à l'époque des croisades, lorsque les gentilshommes contractaient des dettes considérables pour leurs voyages d'outre-mer, que, pour la première fois, on comprit l'inconvénient que nous venons de signaler, et que, pour y remédier, on permit d'abord aux veuves des Croisés, puis, plus tard, à toutes les autres femmes, nobles ou roturières (2), de se soustraire au paiement des dettes

---

(1) Voir Loysel, L. 1, tit. 2, nº 10; le *Grand Coutumier*, L. 1 1º 85; Pothier, *De la Communauté*, part. 5, nº 2, art. 2.

(2) Le droit de renoncer à la communauté n'avait, d'abord, été accordé qu'aux femmes nobles; c'est ce qui résulte de l'art. 115 de l'*ancienne Coutume de Paris*, qui porte : « Il est loisible à une femme noble, extraite de noble lignée, et vivant noblement, de renoncer, si bon lui semble, après le trépas de son mari, à la communauté, etc. »

Depuis, la *Jurisprudence des Arrêts* a étendu ce droit à toutes les autres femmes, nobles ou non nobles, et elle l'a même rendu commun à leurs héritiers, par arrêt du 15 avril 1567 (Pothier.)

contractées par leurs maris, en renonçant à la communauté, c'est-à-dire en faisant l'abandon de tous les meubles et acquêts auxquels elles pouvaient avoir droit en leur qualité de femmes communes. « Et ont d'usaige, dit le *Grand-Cou-* « *tumier* (1), si comme le corps est en terre, de « getter leur bourse sur la fosse, et de ne retour- « ner à l'hostel où les meubles sont, mais vont « gésir autre part, et ne doivent emporter que « leur commun habit, sans autre chose, et elles « et leurs héritiers sont quittes à toujours des « dettes. »

Ainsi, la femme, en associant sa fortune à celle de son mari, en lui confiant l'administration de ses biens, la direction des affaires communes, se réserve de profiter des bénéfices de l'association, si l'association prospère, sans avoir à en supporter les pertes, dans le cas où elle serait désastreuse.

Le régime dotal ne lui donne pas les mêmes avantages.

Sous ce régime, son mari aura eu également l'administration de ses biens, la jouissance de ses revenus; mais si cette administration et cette

---

(1) Liv. 1, f° 85. Les formalités dont il est ici question, ont, depuis, été remplacées par l'inventaire au moyen duquel la femme doit, après le deces de son mari, faire constater l'avoir de la communauté.

jouissance ont amené quelques économies , elle n'y aura aucun droit. En vain aura-t-elle contribué à ces économies par l'ordre qu'elle aura apporté dans la conduite du ménage ; en vain , même , se sera-t-elle imposé de dures privations , il lui faudra voir , à la dissolution du mariage, les héritiers du mari emporter le fruit de ses épargnes, s'installer à sa place dans la maison acquise du produit de la collaboration commune , et la dépouiller de tout le mobilier acheté pendant le mariage. Qu'on lui rende ce qu'au jour de ses noces elle avait apporté en dot à son mari , et elle n'aura rien de plus à réclamer.

Il est vrai que si son mari était un dissipateur , si elle s'est associée à ses dilapidations , si , pour subvenir à de folles dépenses dont elle prenait sa part, elle a vendu ses biens dotaux , malheur aux tiers , qui , trompés par ses paroles , séduits par ses promesses , se seront rendus acquéreurs ; elle pourra se jouer des engagements qu'elle aura pris avec eux , faire révoquer les aliénations , et rentrer en possession de biens dont le prix aura déjà été reçu et consommé dans son ménage ; puis, riche encore d'une fortune ainsi recouvrée , ou bien elle abusera de la supériorité de sa position pour humilier celui que la nature , la religion et la loi lui avaient donné pour guide et pour maître ; ou bien, l'associant à son bien-être, elle lui donnera le moyen d'insulter à la misère des créanciers dont ils auront ensemble concerté la ruine.

Telles sont les conséquences du régime dotal, désastreuses pour le couple économe et rangé, qu'il paralyse souvent de la façon la plus désespérante dans la sage administration de sa fortune, et offrant au ménage dissipateur une ressource assurée contre la misère, aux dépens des tiers, trop souvent et trop facilement trompés.

CHAPITRE CINQ.

DE L'INTRODUCTION DU RÉGIME DOTAL DANS LE CODE CIVIL.

Nous avons conduit l'histoire du régime dotal jusqu'au moment où la révolution de 89, ayant fait table rase de toutes les institutions anciennes, il s'est agi de jeter les bases d'une législation nouvelle.

On sait quel beau travail fut fait alors, combien de savoir et de lumières concoururent à la rédaction de ce Code immortel auquel le plus grand génie des temps modernes a donné son nom.

Le seul fait de l'adoption du régime dotal par les auteurs du Code Napoléon, constituerait un puissant préjugé en sa faveur, si nous ne faisions pas connaître après quels débats et sous quelles influences cette adoption a eu lieu.

Déjà nous avons cherché à détruire le prestige dont pouvaient l'entourer, et son origine dans le droit Romain, et sa longue existence dans l'ancien droit français. Il nous reste à faire voir que

ce n'est point non plus dans l'autorité ordinairement si imposante des délibérations préliminaires à la rédaction du Code civil qu'il faut chercher un titre de recommandation en sa faveur.
Nous n'aurons, pour cela faire, qu'à rendre
compte de ces délibérations.

Chacun sait que c'est à Cambacérès, magistrat
savant et judicieux, consommé dans les matières législatives, que nous devons le premier
travail suivi sur la refonte de nos lois civiles,
et le premier modèle de la rédaction d'un Code
uniforme et commun à toute la France.

Trois projets ont été successivement produits
par l'éminent jurisconsulte (1), et aucun de ces
trois projets ne fait mention du régime dotal.

Tous trois, suivant les expressions de leur
auteur, consacrent la communauté de biens
« comme le mode le plus conforme à cette union
« intime, à cette unité d'intérêts, fondement inal-
« térable du bonheur des familles (2). »

---

(1) Les deux premiers projets du Code civil ont été présentés
à la Convention Nationale les 9 août 1793 et 23 fructidor an II.
Le troisième a été présenté au Directoire exécutif le 24 prairial
an IV.

(2) Extrait du rapport fait à la Convention Nationale et au
Conseil des Cinq-Cents, par Cambacérès, au nom du comité législatif, sur les premier et troisième projets du Code civil. (Fœct,
t. Ier, p. 4 et 154.)

Plus tard, M. Jacqueminot présenta à la commission législative du Conseil des Cinq-Cents un nouveau projet de Code civil (1).

Le régime dotal n'y trouve encore aucune place, et c'est la communauté de biens qui, sous le titre de communauté légale, doit, à défaut de conventions qui y dérogent, régler les droits respectifs des époux.

Enfin, une Commission composée de MM. Tronchet, Bigot-Préameneu et Portalis, et à laquelle M. Maleville servait de secrétaire-rédacteur, fut chargée par le premier Consul : « de comparer « l'ordre suivi dans la rédaction des projets du « Code civil publiés jusqu'alors, et de discuter les « principales bases de la législation en matière « civile (2).

Le régime dotal comptait des partisans parmi les membres de cette Commission. MM. Portalis et Maleville l'ont depuis défendu devant le Conseil-d'État, et, cependant, dans le vaste et beau travail qui fut le fruit des efforts communs, aucune place ne fut encore donnée à ce régime, tant il est vrai de dire qu'il se trouvait naturelle-

---

(1) Dans la séance du 30 frimaire an VIII.

(2) Arrêté du 24 thermidor an IX.

ment exclu par l'ensemble des principes qui ser-
vaient de base à notre législation nouvelle.

Mais, avant que le projet du Code civil ne fut
soumis à la discussion du Conseil-d'État, le
premier Consul voulut que le Tribunal de Cassation et les vingt-huit Tribunaux d'appel du
royaume fussent consultés; or, parmi ces derniers, il s'en trouva quatre (1) qui, attachés par
la routine et l'esprit de province, à la pratique du
régime dotal, s'effrayèrent à l'idée d'un état de
chose nouveau pour eux, qui allait contrarier
leurs habitudes, et contre lequel ils se trouvaient
naturellement portés à tous les préjugés de l'ignorance.

A leur voix, les habitants des provinces méridionales chez lesquels le régime dotal du droit
écrit avait toujours régné sans partage, s'émurent
du changement dont leurs habitudes étaient
menacées. « L'attachement à la routine », a dit, en
rendant compte de ce mouvement des esprits, le
tribun Duveyrier (2), « l'amour des usages depuis
« longtemps suivis, s'exaltaient en haine de l'insti-

---

(1) Ce furent ceux de Montpellier, de Grenoble, de Toulouse
et de Rouen. Rapport au Tribunat.

(2) Fenet, t. XIII, p. 698.

« tution nouvelle, et des ouvrages parurent où ce
« sentiment amer s'attacha bien plus à trouver
« tous les vices de l'injustice et de la barbarie dans
« le système qu'on voulait repousser, qu'à démon-
« trer les attributs raisonnables et les avantages du
« système qu'on devait regretter.... Il ne fut plus
« question, ajoute plus loin le même tribun, d'un
« examen impartial et paisible des raisons de pré-
« férence entre les deux systèmes. Il fallut aller
« jusqu'à combattre, renverser, détruire, celui
« dont on craignait l'admission exclusive, de sorte
« que dans les écrits polémiques, dictés par l'effer-
« vescence de ce sentiment, le plus bizarre sophisme
« parut un argument invincible pour prouver que
« le régime de la communauté était insociable,
« tyrannique, oppresseur, incompatible avec le
« mode actuel de notre organisation politique. »

La section de législation du Conseil-d'État (1)
voulut donner à ces clameurs une sorte de satisfaction, et le régime dotal s'introduisit pour la
première fois dans le projet du Code, non pas,
à la vérité, tel que nous le voyons figurer maintenant, formant un chapitre séparé, placé presque
sur le même niveau que la communauté de biens,

---

(1) Elle était composée de MM. Boulay (de la Meurthe), Berlier,
Emmery, Portalis, Réal et Thibaudeau.

et se disputant avec elle le libre choix des contractants ; mais, caché pour ainsi dire sous le
manteau de sa rivale, formant le 1er § de la 2^e
section du chapitre intitulé : *Des conventions qui
peuvent modifier la communauté légale ou l'exclure
totalement*, et, ce qui, surtout, est digne de remarque, privé de son arme la plus redoutable,
nous pourrions dire la seule redoutable : L'INALIÉ-
NABILITÉ (1).

Réduit à ces termes, le régime dotal nous aurait
paru fort inoffensif ; mais, à vrai dire, ce n'était
plus le régime dotal, c'était tout simplement
une clause exclusive de communauté, si bien que
tous les articles qui composaient, dans le projet
de Code, le paragraphe dont nous venons de parler,
et qui avait pour titre : *De la clause qui établit
tous les biens de la femme purement dotaux*, sont
littéralement copiés dans le Code actuel, où ils
forment, sous les n°s 1530 et suivant, le paragraphe intitulé : *De la clause portant que les époux
se marient sans communauté.*

Quoiqu'en apparence purement nominale,
cette concession, faite au régime dotal, devait
cependant amener son triomphe.

----

(1) L'art. 138 du projet commençait ainsi : « Les immeubles
« constitués en dot, même dans le cas du présent paragraphe,
« ne sont point inaliénables. Toute convention contraire est
« nulle. »

Tant que la législation nouvelle, dont il s'agis-
sait de doter la France, avait été envisagée d'un
point de vue général et élevé, le régime dotal
avait dû être repoussé comme incompatible avec
l'ensemble des principes sur lesquels elle était
basée; mais quand on en vint, dans le détail de
la discussion, à l'art. 138, qui déclarait aliénables
les immeubles constitués en dot, tous ceux qui,
dans l'assemblée, avaient la science du régime
dotal, durent être choqués de cette incohérente
association de deux principes incompatibles : la
dotalité et l'aliénabilité.

« Si la dot est déclarée aliénable », s'écria avec
beaucoup de raison M. Portalis, « le système des
« pays du droit écrit est entièrement sacrifié, et
« ceux qui croiront le prendre pour règle de leur
« association, se trouveront cependant régis par
« le système coutumier. »

Placée sur ce terrain, la discussion devait con-
duire naturellement à l'adoption du régime dotal
tel que nous le subissons depuis la promulgation
du code civil; car, une fois le principe de la dotalité admis, celui de l'inaliénabilité du fonds
dotal en était la conséquence directe et nécessaire. La faute avait été de poser le principe
avant d'être résigné aux conséquences. En vain
MM. Berlier et Treilhard essayèrent-ils de dé-

fendre le projet. On alla aux voix, et le principe de l'inaliénabilité de la dot fut adopté.

Heureux le peuple dont la législation a pu sortir toute armée du cerveau d'un seul homme, comme ces législateurs célèbres qui ont si long-temps fait le bonheur et la gloire des nations de l'antiquité!

Si les lois de Minos, de Solon, de Lycurgue, de Numa, de Mahomet, se ressentent des imperfections du génie de leur auteur, au moins, formées d'un seul jet, un esprit d'ensemble et d'unité en coordonne toutes les parties, et c'est précisément cet esprit d'unité et d'ensemble, si utile en législation, dont l'absence se fait douloureusement sentir dans notre législation française.

Assurément le savoir, le talent, les lumières n'ont pas manqué à nos législateurs; mais ils étaient trop nombreux.

L'œuvre sagement et studieusement élaborée au sein d'une commission composée d'hommes spéciaux, avait à subir, dans l'assemblée du Conseil-d'Etat ou du Corps-Législatif, l'épreuve d'un scrutin où les voix se comptaient, lorsqu'elles auraient dû se peser. D'un autre côté, les différents systèmes, essayés en France depuis un demi-siècle, avaient nécessairement laissé sur les membres de nos assemblées législatives des empreintes diverses qui déteignaient sur les lois, de façon que, suivant ces fluctuations de majorité, qui sont communes à toutes les réunions délibérantes, elles se trouvaient être l'expression tantôt d'un parti et tantôt d'un autre.

Peut-être le jour où l'inaliénabilité dotale est entrée dans nos lois, les habitants des pays du droit écrit étaient-ils en majorité dans l'assemblée, et ne faut-il pas chercher, au-delà des hasards de l'appel nominal, les causes d'une décision qui exerça depuis, sur le sort de notre statut matrimonial, une si grave influence?

Peut-être aussi, pour les hommes étrangers au droit, les conséquences de l'inaliénabilité n'apparurent-elles pas tout de suite avec le cortége d'inconvénients qu'elles traînent à leur suite. Ce qui est certain, c'est que, ni dans le discours de M. Portalis, ni dans ceux de MM. Berlier et Treilhard, la question ne fut traitée de manière à les leur faire apercevoir.

MM. Berlier et Treilhard se bornèrent à invoquer le principe qui avait fait abolir les substitutions, et à demander pourquoi, de tous les biens qui existaient, les biens dotaux seraient seuls soustraits à la circulation; à quoi M. Portalis répondit que l'inaliénabilité dotale n'était pas comparable à celle des biens substitués, parce qu'elle n'existait et n'avait de résultat que pendant la durée du mariage.

La réponse parut sans doute péremptoire. Nous espérons démontrer très-clairement, dans la seconde partie de cet ouvrage, qu'elle ne l'était pas.

Une fois le principe de l'inaliénabilité admis, le régime dotal était constitué, et il fallut, dans la nouvelle rédaction du titre du contrat de mariage, en faire un chapitre séparé, et lui donner tous les développements que nous trouvons dans notre code actuel.

La seule question qui resta à décider, et qui, plus tard, s'agita devant le tribunat quand la loi y fut portée, fut celle de savoir lequel des deux régimes serait considéré comme le droit commun de la France, et règlerait le sort des époux qui ne feraient point de contrat de mariage.

Malgré une longue harangue de M. Carion-Nisas en faveur du régime dotal, la communauté de biens l'emporta, et l'art. 1393 du code civil demeura ainsi rédigé :

« A défaut de stipulations spéciales qui déro-
« gent au régime de la communauté ou le modi-

« fient, les règles établies dans la première partie
« du chapitre 2 formeront le droit commun de
« la France (1) »

Le chapitre 2 du titre du contrat de mariage
au code civil traite du régime en communauté.

Ce chapitre est divisé en deux parties, dont la
première a pour titre : *« la communauté légale »*, et
la seconde : *« la Communauté conventionnelle et les
conventions qui peuvent modifier ou même exclure
la communauté légale. »*

Vient ensuite le régime dotal, qui forme le
chapitre 3ᵉ et dernier du titre du contrat de mariage (2).

Tel fut le résultat sorti de discussions longues
et animées, mais dans lesquelles il faudrait vainement chercher ces appréciations si éclairées,
si judicieuses, si profondes, qui, sur les autres
parties du droit, ont immortalisé les législateurs
du code civil.

---

(1) Pour bien comprendre la signification de cet article, il faut
le rapprocher de l'article 1387, ainsi conçu : « La loi ne régit
« l'association conjugale, quant aux biens, qu'à défaut de conven-
« tions spéciales, que les époux peuvent faire comme ils le jugent
« à propos, pourvu qu'elles ne soient pas contraires aux bonnes
« mœurs ... »

(2) Voir à la fin du volume le texte du chapitre du *Régime
dotal* dans le Code civil.

On reconnaît en lisant, soit les observations des tribunaux d'appel, soit les discours prononcés dans les assemblées législatives pour ou contre le régime dotal, que ceux qui attaquaient ce régime le connaissaient mal, et que ceux qui le défendaient ne connaissaient que lui, de façon qu'aux uns comme aux autres les éléments manquaient pour comparer et choisir.

Cela devait tout naturellement être ainsi, puisque les gens de coutume ne connaissaient que la communauté, tandis que les gens du droit écrit ne pouvaient connaître que le régime dotal.

D'un autre côté, le plus grave inconvénient du régime dotal, qui consiste, suivant nous, dans les entraves résultant de l'inaliénabilité de la dot, ne pouvait être bien vivement senti à une époque où l'on conservait encore le souvenir de tant d'autres inaliénabilités. Aussi, la polémique s'est-elle établie sur un terrain tout différent de celui sur lequel nous la poserons dans la seconde partie de cet ouvrage, et qui serait certainement celui sur lequel elle se trouverait naturellement portée, si le régime dotal était remis aujourd'hui en question devant notre assemblée législative.

Comme l'a fort justement fait observer M. Duveyrier dans le rapport au tribunat que nous avons cité plus haut, les sectateurs du droit écrit se sont beaucoup moins attachés, dans les discussions de l'an XII, à défendre le régime dotal, qui était d'ailleurs très faiblement attaqué, qu'à combattre la communauté de biens contre laquelle ils se sentaient animés de cet esprit de prévention et de dénigrement que la routine inspire à l'ignorance.

Dans ses observations sur le projet du code, le tribunal d'appel de Montpellier prit pour point de départ d'une longue diatribe contre la communauté de biens, cette proposition singulière : « que l'union des personnes n'a rien de commun avec la société des biens, et qu'il serait naturel de voir les époux libres et indépendants dans l'administration et la jouissance de leurs biens respectifs. » (Fenet, t. 4, p. 433.)

On conçoit qu'en envisageant le mariage de cette manière, la communauté de biens, qui confond, pendant sa durée, les biens, les droits, les intérêts des époux, et qui oblige, lors de sa dissolution, à un partage, doit paraître une source inutile de frais, d'embarras, de difficultés.

Aussi le rédacteur des observations du tribunal de Montpellier s'écrie-t-il avec véhémence :

« C'est une pomme de discorde que le nord de
« la France veut jeter dans le midi ; c'est un fruit
« que la barbarie des Francs a cueilli dans les fo-
« rêts de la Germanie, et qu'elle a apporté dans
« les Gaules, au milieu du tumulte de la victoire
« et de la licence des camps. »

Dussions-nous paraître aussi barbares que nos
ancêtres, nous confesserons que nous ne pouvons comprendre l'union des personnes dans le
mariage sans une certaine société des biens, et
que rien ne nous paraîtrait plus contraire à la
sainte intimité de ce lien, à la dignité, à la bonne
harmonie du ménage, qu'un état de choses dans
lequel la femme conserverait la libre jouissance,
la libre administration de tous ses biens.

Nous ne sommes pas, du reste, les seuls à penser ainsi ; car, dans les pays même où l'usage du
régime dotal a prévalu dans la pratique, toujours
une dot a été constituée entre les mains du mari
qui a eu l'administration et la jouissance des
biens qui la composaient.

Disons même que presque toujours la société
d'acquêts est venue apporter ses complications
à la dotalité.

Cette société d'acquêts était impérieusement
demandée par le tribunal d'appel de Rouen, qui

la trouvait en germe dans la coutume de Normandie dont il aurait voulu que toutes les dispositions fussent transcrites dans le code. Elle était
approuvée même par le plus fougueux défen-
seur du régime dotal, le tribun Carion-Nisas,
dont le discours nous occupera bientôt.

Mais si le mari administre, pendant le mariage,
les biens de la femme, s'il entre avec elle en partage des acquêts, comment prévenir les inconvénients que redoute le tribunal d'appel de Montpellier?

La restitution de la dot, le compte à rendre
de l'emploi des revenus dotaux, les impenses du
mari sur les biens de la femme, et, enfin, le partage de la société d'acquêts, ne pourront-ils pas
devenir la source de bien des difficultés et donner naissance à de longs et coûteux procès?

C'est malheureusement là le cortége qui trop
souvent suit les transactions et les relations entre les hommes; mais ce sont précisément ces
transactions et ces relations qui constituent l'état
social. Il en faut bien subir les conséquences.

Une autre objection que contiennent encore
les observations du tribunal de Montpellier, et
que nous voyons avec surprise reproduite dans
un discours prononcé au conseil d'état par un de

ses membres les plus distingués, M. Maleville, consiste à considérer la communauté de biens comme favorisant outre mesure la condition des femmes, accumulant les richesses sur leur tête, et propre à leur inspirer l'amour de l'or et la soif du gain.

« Le résultat de ce régime, dit M. Maleville, « est d'accumuler les richesses sur la tête des « femmes, puisqu'elles ne peuvent qu'y gagner « et jamais y perdre, au moyen de la renoncia- « tion qu'elles sont toujours libres de faire, et de « la reprise de leur apport qu'elles peuvent sti- « puler; mais les femmes riches sont-elles moins « dissipées, plus subordonnées à leur mari, plus « attachées à leur ménage (1) ? »

Il eût été bien facile de répondre à M. Male- ville que, quelle que soit la fortune des femmes, pendant que dure la communauté de biens, elle ne peut les rendre ni plus dissipées, ni moins su- bordonnées à leur mari, puisqu'elles n'en ont pas la disposition.

Pour entrer en jouissance de leurs biens, il leur faudrait obtenir une séparation de biens; or, sauf le cas tout spécial où il y aurait lieu à sé-

---

(1) Séance du 15 vendémiaire an XII. (Fenet, t. XIII, p. 550.)

paration de corps, ce n'est point quand la communauté prospère et s'enrichit que la séparation de biens peut être prononcée.

Mais n'est-ce pas, au contraire, sous le régime dotal que l'on peut redouter les inconvénients signalés par M. Maleville?

Là, les femmes conservent l'administration et la jouissance de leurs biens paraphernaux, et, après la ruine du mari, elles rentrent, par la séparation de biens, en possession de leur dot demeurée entière.

N'est-ce pas alors que l'on peut voir le scandale d'une femme riche dans un ménage pauvre, sans contrôle pour ses dépenses, et, par une conséquence à peu près inévitable, sans contrôle pour sa conduite, tenant, par les cordons de la bourse, son mari dans sa dépendance.

On sait l'abus que, dans les derniers temps de l'empire romain, les femmes faisaient de leur fortune paraphernale. Elles achetaient des esclaves qui n'étaient qu'à elles, n'obéissaient qu'à elles, et bravaient l'autorité du mari jusque dans le sanctuaire du foyer domestique.

De tels inconvénients ne seront jamais à craindre avec la communauté de biens, puisque le

mari, qui en est le chef, a toujours seul la disposition des revenus et du mobilier.

C'est là ce que le tribunal d'appel de Montpellier ne paraît pas avoir mieux compris que
M. Maleville, car on lit encore dans ses observations :

« La communauté des biens étant un moyen
« d'acquérir pour les femmes, le désir du gain
« prenant dans leur cœur la place de sentiments
« plus purs, pourrait souvent donner le change
« à leurs penchants et à leurs devoirs, et trans-
« former en spéculation de commerce le dévoue-
« ment désintéressé qui doit caractériser leurs
« tendres sentiments. Alors, l'amour des richesses
« et de l'indépendance remplaçant l'amour con-
« jugal, le luxe, l'orgueil et la science corrup-
« trice du sexe feraient tout craindre pour les
« mœurs et pour la tranquillité des ménages. »

A ces nouvelles déclamations, la réponse est
toujours la même : les femmes communes en biens
ne pouvant acquérir qu'au profit d'une société
dont leur mari est le chef, le désir du gain peut
très bien se concilier chez elles avec le dévouement
qu'elles doivent avoir à celui-ci, et nous sommes
même persuadé que peu de maris se plaindront
de voir leur femme s'efforcer, par leur ordre,

leur économie, leur intelligence, et même, en beaucoup de cas, leur activité, de faire prospérer l'association conjugale (1).

Un fait assez curieux, et qui montre jusqu'à quel point la communauté était mal connue ou mal comprise par ceux qui se faisaient ses antagonistes, c'est que, tandis que le tribunal d'appel de Montpellier repousse ce régime par la considération de la trop grande indépendance qu'il peut procurer aux femmes, le tribunal d'appel de Toulouse le combat par une considération précisément toute contraire :

« Rien, dit ce tribunal, ne pourrait contribuer
« plus efficacement à multiplier les divorces que
« de vouloir introduire la communauté légale
« dans les lieux où elle a toujours été inconnue,
« et de mettre les femmes dans une dépendance à
« laquelle il leur sera difficile de s'accoutumer,
« relativement à l'administration des biens qu'el-

---

(1) Le régime dotal nous rappelle le mot de Juvénal, dans sa satyre des femmes :

 . . . . . *Vivit vicina marito.* . . . .

et la communauté de biens, au contraire, nous semble tout à fait conforme à cette belle définition que la loi romaine nous donne du mariage : *Nuptiæ sunt conjunctio maris et feminæ, et consortium omnis vitæ : divini et humani generis communicatio* (t. I , de Ritu, Nupt. D. XXIII. 2.)

12

« les n'ont pas entendu se constituer en dot. »
(Fenet, t. v. p. 53o.)

On voit que le tribunal d'appel de Toulouse comprend fort bien que la communauté, qui met dans les mains du mari l'administration et la jouissance de tous les biens, ne vaut pas, pour les femmes qui tiennent à leur indépendance, le régime dotal sous l'empire duquel elles peuvent se réserver, comme paraphernaux, des biens dont elles touchent les revenus pour en disposer suivant leurs fantaisies.

Cet aperçu est fort exact; seulement nous demandons si ceux-là comprennent bien la sainte intimité du lien conjugal et les vrais rapports que notre civilisation moderne y a créés entre les époux, qui s'effraient pour les femmes de ne pas leur voir la libre disposition d'une partie de leurs biens.

Les mœurs d'une nation lui créent des habitudes qui déjouent quelquefois les prévisions de ses législateurs, et les membres du tribunal d'appel de Toulouse, s'ils vivent encore, doivent être fort surpris de voir qu'aujourd'hui peu de contrats se font sous le régime dotal avec réserve de paraphernaux, sans que, par une clause spéciale, la femme abdique, entre les mains du mari, son

droit de les administrer et d'en toucher les revenus.

Mais il faut dire qu'en l'an XII la société pour
laquelle on édictait des lois, à peine sortie d'une
révolution qui avait fait table rase de toutes ses
institutions anciennes, n'avait pas eu le temps de
se créer des habitudes et des mœurs en rapport
avec ses nouvelles institutions. On ne pouvait pas
encore, à vrai dire, la bien connaître.

Pour compléter l'idée que nous voulons donner
à nos lecteurs des discussions préliminaires à l'a-
doption du régime dotal par les auteurs du code
civil, il nous reste à dire quelques mots d'un discours souvent cité, celui de M. Carion-Nisas au
tribunat, dans la séance du 19 pluviôse an XII.

Militaire aventureux, orateur brillant, poète
tragique assez médiocre, M. Carion-Nisas n'était
rien moins que jurisconsulte, et c'est avec raison
qu'il le confesse en commençant sa harangue.

Confondant le régime dotal avec la dot, il fait
honneur de son origine à Numa-Pompilius, qu'il
appelle « le premier auteur de l'égalité entre les
sexes, le libérateur et le protecteur du sexe faible
et opprimé. »

La communauté lui paraît au contraire, « por-
« ter, ici, l'empreinte de la barbarie des temps
« de la conquête, et, ailleurs, la trace de la cour-
« toisie insensée des siècles chevaleresques. »

C'est-à-dire qu'à ses yeux le mari est un barbare quand il fait de mauvaises affaires et
ruine sa femme, tandis qu'il est un courtois che-
valier quand il en fait de bonnes et l'enrichit.
« Quel législateur sensé, s'écrie-t-il, n'aimera
« mieux prévenir la ruine de quatre épouses par
« un maintien strict et rigoureux de leurs droits,
« que d'ouvrir des voies à l'enrichissement d'une
« seule, par la faveur de la communauté, et
« d'en livrer trois au besoin et à l'indigence par
« le résultat de ses clauses malheureuses, toujours
« en plus grand nombre. »

Nous serions parfaitement de l'avis de M. Carion-Nisas, si, pour prévenir la ruine de quatre
épouses, il ne fallait consommer celle de cinquante
créanciers, comme nous le démontrerons plus
tard.

Après avoir reproduit, d'après les observations
des Tribunaux d'appel, les arguments auxquels
nous avons déjà répondu, l'orateur, entrant dans
des considérations d'économie politique d'un
ordre élevé, insiste longtemps sur les avantages

que la stabilité dans les fortunes assure à l'État,
et il déplore avec amertume la ruine des institutions qui, sous l'ancien régime, avaient au
moins, dit-il, l'heureux effet d'empêcher l'éva-
poration des fortunes et la dispersion des patrimoines : « Que résultera-t-il, s'écrie avec véhé-
« mence l'éloquent tribun, de ce mouvement
« forcé, immoral, destructeur, de cette applica-
« tion exclusive à aider la rotation des capitaux,
« la volatilisation des fortunes les plus solides ?
« Il en résultera un état de choses funeste et un
« spectacle hideux, une société toujours en tour-
« mente; point de fixité, et, par conséquent,
« point de dignité dans les habitudes et dans
« les mœurs; plus d'anciens amis, plus d'anciens
« voisins; des familles sans cesse transplantées
« et semblables à des arbres sans racines et sans
« ombrage; plus de souvenirs, plus de vénéra-
« tion attachée aux antiques foyers, plus de toit
« héréditaire, de maison paternelle, des domi-
« ciles toujours ambulatoires, partout des pénates
« errants, et la cité entière offrant l'image d'un
« vaste caravansérail. »

Si, pour remède à ces maux, M. Carion-Nisas
avait demandé le rétablissement du droit d'aînesse, des majorats, des substitutions, en un
mot, de tout cet ensemble d'institutions qui, bien

plus efficacement que l'inaliénabilité dotale,
comme nous le montrerons plus loin, assurait
jadis la stabilité des biens dans les familles, nous
le trouverions logique. Mais, après le naufrage de
toutes ces institutions de l'ancien régime, et lorsqu'une révolution radicale a placé la société sur
des bases nouvelles, vouloir faire survivre l'inaliénabilité dotale toute seule, n'est-ce pas créer
une entrave génante au mouvement progressif
de notre organisation actuelle sans pouvoir cependant l'arrêter?

M. le tribun Duveyrier, à qui M. Carion-Nisas
avait communiqué son discours, a, suivant nous,
parfaitement refuté à l'avance, dans son rapport
au Tribunat, l'argumentation de son collègue :

« Il faut s'expliquer clairement, a dit M. Du-
« veyrier. On aura quelque raison peut-être si
« l'on prouve que l'esprit de nos institutions ac-
« tuelles et le but des lois que nous faisons,
« doivent être de placer de puissants intermé-
« diaires entre l'autorité suprême et l'obéissance
« aveugle, de favoriser la splendeur des grandes
« familles et l'inégalité politique dans la distri-
« bution des biens. Mais l'erreur est sensible si
« ce système n'est plus le nôtre; or, nous avons
« détruit la féodalité, les substitutions, les quatre

« quints des propres, toutes ces institutions qui
« concentraient les biens dans les familles, pré-
« cisément parce qu'elles ne s'accordaient plus
« avec les principes de notre organisation ac-
« tuelle dont toutes les garanties doivent pro-
« duire le même effet, un respect plus réel, un
« maintien plus ferme du droit de propriété,
« mais aussi une circulation plus rapide des va-
« leurs, une mixtion plus facile des familles et
« une distribution des biens moins inégale. »

Nous venons de passer en revue, bien rapide-
ment, mais d'une manière à-peu-près complète,
les principaux arguments, qui, lors des discussions législatives de l'an XII, ont été produits,
soit en faveur du régime dotal, soit contre le
régime de la communauté de biens. Nous espérons en avoir dit assez pour convaincre que la
plus grande question que soulevait le maintien
du régime dotal au sein d'une société régénérée
et après la ruine des institutions près desquelles
il avait trouvé place sous l'ancien régime, que
cette question, disons-nous, n'a pas subi un examen qui puisse donner des garanties pour sa
solution.

A vrai dire, elle demeure encore entière, et appelle à un haut degré l'attention de nos législateurs qui, éclairés aujourd'hui par une expérience

qui manquait à leurs devanciers, l'envisageraient sous des points de vue nouveaux.

Ce n'est point quand une société commence, qu'on peut prévoir tous ses besoins futurs. Ce n'est pas quand des institutions se créent, qu'on peut deviner toutes les difficultés que leur mise en jeu fera naître.

Aujourd'hui que, depuis un demi-siècle, on a vu le régime dotal fonctionner à côté de la communauté de biens et au sein d'une société qui ne connaît plus d'autre inaliénabilité que la sienne, on sait ce qu'il vaut, et on peut en parfaite connaissance de cause le condamner ou l'absoudre.

Pour nous, qui l'avons beaucoup étudié, nous le croyons, en notre âme et conscience, fauteur de bien des tromperies, de bien des déceptions, de bien des misères, et nous demandons avec insistance qu'on instruise son procès.

DEUXIÈME PARTIE.

Considérations critiques sur le Régime dotal.

Nous avons fait l'histoire du régime dotal. Nous l'avons montré naissant à Rome d'un concours de circonstances bien complétement étrangères à notre époque, à notre pays, à nos mœurs.

Nous avons dit comment il s'était perpétué d'âge en âge jusqu'au temps où nous vivons, malgré les changements successifs apportés dans les institutions et dans les lois. Il nous reste à remplir une tâche sans laquelle nos premiers travaux seraient bien inféconds; il nous reste à l'apprécier dans ses résultats pratiques.

Qu'importerait, en effet, la manière dont le régime dotal s'est introduit dans notre législation, si son action s'y montrait bienfaisante et utile.

Quand un citoyen fait l'honneur et la gloire d'un peuple, personne assurément ne songe à lui demander ses lettres de naturalisation; mais le régime dotal nous paraît dommageable à de nombreux intérêts.

Il diminue les richesses du pays, il paralyse l'essor du commerce et de l'industrie, il outrage la morale, viole l'équité, et porte des semences de discorde et de chagrin jusqu'au sein des familles les mieux unies.

Voilà pourquoi nous nous sommes cru en droit de nous enquérir d'où venait cet intrus, et de discuter les titres que son grand âge semblait lui donner à notre considération.

Maintenant que nous avons découvert les pieds d'argile du colosse, nous nous sentons plus fort pour le combattre.

Nous l'envisagerons d'abord au point de vue de l'intérêt des époux qui l'adoptent pour base de leur union, et nous montrerons, d'une part, combien sont vaines et dérisoires les garanties qu'il paraît offrir à la conservation de leur fortune; puis, d'une autre, par combien de troubles et d'embarras il fait payer cette fausse protection.

Nous l'envisagerons ensuite au point de vue

de l'intérêt des tiers qui contractent avec les femmes dotales, et nous ferons voir combien les précautions dictées par la prudence la plus craintive sont souvent impuissantes à prévenir pour eux de cruelles déceptions.

Enfin, nous considèrerons le régime dotal dans ses rapports avec l'intérêt général du pays, et nous signalerons sa fatale influence sur la propriété foncière qu'il déprécie, sur l'industrie qu'il paralyse, sur la morale publique qu'il pervertit.

Ce plan nous paraît embrasser tous les aspects de la question.

Nous sentons bien qu'il faudrait, pour le remplir convenablement, une plume plus exercée que la nôtre; mais quand on a agi dans la mesure de ses forces pour le triomphe d'une idée qu'on croit salutaire, on a pour soi la conscience d'avoir satisfait à toutes les exigences du devoir.

CHAPITRE PREMIER.

DU RÉGIME DOTAL CONSIDÉRÉ DANS SES RAPPORTS AVEC L'INTÉRÊT DES ÉPOUX.

Les plus ardents défenseurs du régime dotal ne le considèrent pas comme entièrement exempt d'inconvénients, tant à cause des facilités qu'il donne à la fraude, qu'à cause de la dépréciation dont il frappe une masse énorme de biens-fonds; mais, s'il y a là danger pour les tiers et diminution évidente de la richesse territoriale du pays, il y a, suivant eux, de tels avantages pour les femmes mariées dans la stipulation d'un régime qui leur assure la conservation de leur dot, que cette considération doit prévaloir sur toutes les autres.

Ce sont ces avantages que je veux tout d'abord discuter; car là est le cœur de la question, et c'est toujours au cœur qu'il faut viser quand on veut abattre un ennemi.

Une femme est mariée sous le régime dotal, son mari est un dissipateur ou bien un spéculateur malheureux.

Il se ruine, tombe en déconfiture ou en faillite ; tout, autour de lui, est misère et désespoir. Tous ses fournisseurs, ses domestiques, ses amis les plus intimes, tous ceux qui ont eu confiance en lui, qui, trompés par les apparences de fortune dont ils le voyaient entouré, ont déposé leur argent dans ses mains, sont entraînés dans son désastre ; mais la fortune de sa femme, qui n'a pu s'obliger avec lui, n'a reçu aucune atteinte. Alors, fuyant les clameurs de ses créanciers, il se réfugie dans l'intérieur de son ménage où règne encore l'aisance.

Une séparation de biens intervient entre les époux.

Ce qui reste de l'avoir du mari, si quelque chose en reste, est jeté en pâture aux créanciers ; puis, les biens de la femme, qui peuvent être considérables, donnent aux époux les moyens de mener encore une vie somptueuse.

Voilà le triomphe du régime dotal. C'est devant de pareils résultats que s'inclinent ses parti-

sants. Combien n'est-il pas heureux, disent-ils,
que ce mari n'ait pu compromettre la fortune de
sa femme et l'avenir de ses enfants! Au moins les
époux auront toujours de quoi vivre, et les enfants pourront être dotés par leur mère.

Oh! sans doute, ils seront heureux ces époux,
si, du sein des jouissances que donne la fortune,
ils peuvent contempler d'un œil paisible la misère
du malheureux ouvrier qui leur avait confié ses
épargnes et le dénuement de la pauvre veuve dont
le petit pécule aura servi à satisfaire quelques-
unes de leurs luxueuses prodigalités. Leurs enfants
seront heureux aussi, car, richement dotés, ils
pourront un jour se faire servir par les fils des
créanciers de leur père!

Est-ce donc là l'espèce de bonheur que rêvent
les parents qui veulent marier leur fille sous le
régime dotal?

Un mari va enlever leur enfant loin d'eux, il
va devenir maître à peu près absolu de sa personne, il pourra la faire expirer de douleur sous
les coups répétés de ce petit poignard domestique
qu'on appelle « incompatibilité d'humeur, » et qui
atteint le cœur sans laisser de traces à l'épiderme.
Il pourra, chose bien plus grave encore, perver-

tir son esprit et corrompre son âme. Ce sont là des nécessités du lien conjugal auxquelles se résigne l'amour paternel, et dont il semble même le plus souvent s'inquiéter assez peu. Mais ce qu'il veut sauvegarder avant tout, c'est la fortune, et sa tâche lui paraît remplie quand il a mis la dot à l'abri des spéculations hasardeuses du futur gendre.

C'est que malheureusement il se mêle toujours un peu d'égoisme aux sentiments humains, et beaucoup de parents aiment à se dire: » Quoi « qu'il arrive maintenant, notre repos est assuré. « Notre fille conservera la fortune que nous « lui donnons, notre considération n'aura jamais « à souffrir de sa position dans le monde, et, sur « les biens que nous nous réservons, nous n'au- « rons pas de nouveaux sacrifices à nous im- « poser. »

Il n'est pas bien étonnant que, par le temps qui court, ce raisonnement assure le succès du régime dotal, et, en écrivant ces pages, notre espoir n'est pas, il faut le dire, de dissuader le plus grand nombre des parents de chercher dans ce régime des garanties qui suffisent à leur sécurité.

Nous écrivons pour des hommes désintéressés dans la question, et qui, voyant les choses de plus haut, ne peuvent sympathiser avec les odieux calculs que nous venons de dire. Nous écrivons, aussi et surtout, pour un petit nombre de parents, véritablement désireux du bonheur de leurs enfants, et c'est avec ceux-là que nous voulons descendre dans l'intérieur du ménage soumis au régime dotal, pour l'examiner, ce régime, non pas d'une manière purement théorique, ni, non plus, au point de vue de quelques monstrueuses excentricités, mais tel qu'il est habituellement, bourgeoisement, honnêtement, tel que nous le fait connaître notre pratique de tous les jours, tel, enfin, que nous le voyons fonctionner, soit, dans notre cabinet, par nos relations d'affaires, soit, dans le monde, par nos relations de société ou de famille.

Le mari est le chef de l'association conjugale, il en administre les biens, touche les revenus, règle les dépenses. Mais ce n'est pas dans son intérêt seul qu'il agit ainsi, c'est dans l'intérêt de l'association, de l'être collectif qui constitue le ménage, la famille, et qui se compose tout à la fois du mari, de la femme et des enfants. C'est là une différence radicale, et jamais assez observée en cette matière, entre la société moderne et la société ancienne. Cette différence n'est pas dans les lois seulement, elle est, d'abord et surtout, dans les mœurs. Le *Pater familias*, autrefois, à Rome, était un tyran, un monarque absolu qui pouvait dire : « La famille c'est moi » , car lui seul avait une existence propre, une individualité ; les autres vivaient pour lui, et en quelque sorte par lui. De nos jours le mari n'est qu'un roi constitutionnel ayant mandat de gouverner dans un intérêt commun, et ne pouvant plus dire *moi*, mais devant dire *nous*.

Sans doute, ce gouvernement constitutionnel du mari reçoit bien des modifications du caractère respectif des époux , de leur éducation, de leur manière de vivre , de leur position sociale, de la profession qu'ils exercent.

L'influence de la femme dans certains ménages sera à peu près nulle ; dans d'autres, elle asservira entièrement le mari, et ne lui laissera aucune liberté d'action : mais, mettant de côté les exceptions pour nous en tenir à ce qu'il y a de plus normal dans la constitution actuelle du ménage et de la famille , nous croyons pouvoir dire, sans crainte d'être démenti par personne, que l'association entre le mari et la femme est si intime, tous leurs intérêts sont tellement confondus, que ce qui est jouissance ou privation pour l'un, est aussi jouissance ou privation pour l'autre; et, enfin, que la femme est aussi intéressée que le mari à la prospérité et à la considération du ménage.

Il est même vrai de dire que, tant que durera l'association, la distinction entre les biens du mari et ceux de la femme préoccupent peu les époux. S'ils ont des enfants, les uns comme les autres devront se réunir un jour dans les mains de ceux-ci; s'ils n'en ont pas, les uns comme les autres devront concourir à leur procurer, pendant leur vie commune, la plus grande somme de jouissances possible, et il est bien rare que la pensée des collatéraux, qui devront recueillir ces biens après leur mort, change quelque chose à ce problème.

Ce qui est donc avant tout désirable dans l'intérêt des époux, j'entends dans leur intérêt sainement et honnêtement entendu, c'est que le mari tire le meilleur parti possible des biens confiés à son administration. De là, cette conséquence, que toutes les entraves que le mari rencontrera dans cette administration, pèseront également sur les deux époux.

Aussi combien de fois n'avons-nous pas vu des femmes mariées sous le régime dotal, déplorer, dès les premières années de leur union, les rigueurs de ce régime, et chercher, d'accord avec leur mari, les moyens de se soustraire à ses entraves?

Nous pourrions citer bien des cas où la raison la mieux éclairée, la prudence la plus craintive, n'auraient pu désavouer les motifs de ces plaintes et de ces efforts.

Nous avons connu, par exemple, des parents qui, en mariant leur fille, lui avaient constitué en dot une belle propriété d'agrément.

Au moment du mariage, la fortune des époux, leur position dans le monde comportait la possession de cette propriété, et l'orgueil un peu aristocratique des parents était flatté de la pensée que le noble manoir, illustré par les ancêtres, resterait à toujours dans la famille pour y conserver l'éclat du nom qu'ils avaient porté.

C'était fort bien alors; mais les événements se plaisent à confondre les prévisions de la prudence humaine.

Une révolution politique a enlevé au mari une position lucrative et brillante; des capitaux, placés avec des sûretés apparentes, ont été perdus, et, tandis que les revenus des époux diminuaient ainsi, leur famille s'augmentait, leurs charges s'aggravaient. Il leur faut aujourd'hui pourvoir à l'éducation de nombreux enfants ; forcés de passer à la ville une grande partie de l'année, ils ont cessé d'habiter le manoir féodal, dont les splendeurs ne conviennent plus à l'état de leur fortune, au genre de vie qu'ils mènent.

Ce château, n'étant plus habité, se détériore, et, pour le conserver en bon état comme la loi lui en impose le devoir, le mari est obligé d'y dépenser chaque année des sommes qui seraient bien plus utilement employées à instruire et à doter ses enfants.

Vienne le jour de la dissolution du mariage, les époux auront vécu dans la gêne, les enfants auront été pauvrement élevés, peut-être pauvrement mariés. On s'empressera de liciter le vieux château, qui ne pourrait trouver place dans le lot d'aucun d'eux, dont aucun d'eux, d'ailleurs, ne voudrait se charger, et le prix que ceux-ci en tireront, sera bien inférieur à celui que leurs parents en auraient pu tirer trente années auparavant, sans compter que, pendant ces trente années, il aurait pu être triplé par les intérêts cumulés.

Nous savons bien qu'autrefois on ne calculait

pas ainsi. Les fortunes étaient plus stables, et, lorsqu'un mariage avait apporté dans une famille noble un nouvel apanage, cet apanage y restait pendant bien des générations, se transmettant de mâle en mâle par ordre de primogéniture.

Les exigences de l'éducation des enfants ne nécessitaient pas comme aujourd'hui le coûteux séjour des villes. Les parents, sans peut-être pour cela aimer moins leurs enfants, craignaient moins de se séparer d'eux, et, pendant que les filles étaient au couvent, et que les garçons faisaient leurs études chez les Oratoriens ou chez les Jé-suites, les gentilshommes qui ne remplissaient pas de fonctions politiques, n'avaient d'autre soin que d'habiter et de cultiver leur domaine. Quant à ceux qui étaient dans les emplois, leurs regards restaient toujours attachés sur le manoir des champs qui devait les recevoir au jour de la disgrâce ou de la retraite.

D'un autre côté, les spéculations de l'industrie n'appelaient point les capitaux, de sorte qu'il y avait, dans les fortunes comme dans les exis-tences, une stabilité qui n'est plus connue au-jourd'hui.

Que faut-il de nos jours pour qu'une famille quitte son berceau, et aille vivre loin des lieux où sont situées ses propriétés ?

Combien de personnes, appelées dans une province éloignée de la leur, soit par des fonctions publiques, soit par des raisons de santé, n'ont-elles pas fini par s'y établir et s'y fixer ?

Nous examinerons plus tard, au point de vue de l'intérêt public, les conséquences de ces émigrations. Bornons-nous, quant à présent, à constater en fait qu'elles sont très fréquentes, et souvent déterminées par des motifs que la raison la plus sévère ne saurait désavouer.

Des parents ont marié leur fille près d'eux. En frappant de dotalité les biens qu'ils lui donnent, ils espèrent attacher le ménage qui se forme au sol sur lequel ils ont l'intention de continuer à vivre. Mais, c'est pour toute la durée de ce ménage qu'ils stipulent, et l'effet de leurs dispositions pourra bien survivre aux considérations qui les ont inspirées. Viendront peut-être des circonstances qu'ils n'avaient pu prévoir : une position avantageuse offerte au mari à l'autre extrémité du royaume, ou bien la santé de la femme elle-même exigeant un climat plus doux.

Supposons que, dans l'intérêt de celle-ci, pour prolonger des jours qui lui sont chers, son mari quitte les brouillards de la Flandre ou de la Normandie pour aller habiter le midi de la France.

Combien n'est-il pas regrettable alors de laisser derrière soi des biens qu'on ne peut plus administrer, surveiller soi-même ! Combien les parents de la femme, s'ils vivaient encore, ne déploreraient-ils pas eux-mêmes les entraves que, dans l'égoïsme de leur affection, ils ont voulu imposer à leurs enfants, et, que ne feraient-ils pas aujourd'hui pour les dégager ! Mais les regrets sont superflus ! Jamais, dans leur nouvelle résidence, les époux ne jouiront des avantages que donne la propriété, tandis que loin d'eux, privés de la surveillance du maître, leurs biens dépériront.

Est-il même besoin de supposer un éloignement et un changement de résidence, pour admettre un légitime désir de vendre une propriété foncière. L'article 1558 du Code civil permet d'aliéner la dot pour faire de grosses réparations indispensables à la conservation de l'immeuble dotal, c'est-à-dire que si la femme possède deux immeubles dotaux, elle en pourra aliéner un pour se procurer les moyens de réparer l'autre. Mais si elle n'en possède qu'un, comment fera-t-elle ? Il lui faudra conserver une ruine dont elle ne pourra tirer aucun parti. Supposons sur un terrain avantageusement situé, des constructions trop mauvaises pour pouvoir être réparées. Supposons des usines construites d'après un système vieilli et abandonné ; voilà encore des propriétés stériles. Il faudra attendre la dissolution du mariage pour abattre et reconstruire. De tous côtés on ouvre des canaux, on perce des routes, on établit des chemins de fer. De colossales entreprises, que l'on n'aurait jamais soupçonnées autrefois, bouleversent le sol, et exigent dans un intérêt d'utilité publique le sacrifice de la propriété privée.

Combien n'avons-nous pas vu de domaines subir, à la suite de ces travaux, de profondes altérations, et sortir entièrement de leurs conditions premières !

Une route nouvelle s'ouvre à travers des terrains qui n'avaient jamais été destinés qu'à la culture. Par le seul effet du percement de cette route, ces terrains, devenus propres à être bâtis, acquièrent une grande valeur ; mais si leur propriétaire n'est pas assez riche pour bâtir lui-même, il n'en pourra tirer convenablement parti qu'en les vendant par portions à des entrepreneurs. Malheur à lui si la dotalité les frappe. Il verra ses voisins s'enrichir, et, lui, continuera à louer, pour une ingrate culture, de mauvaises terres qui, tout près de lui, se vendront pour bâtir.

Qu'au lieu d'une route, ce soit un chemin de fer qui vienne tracer, à travers un domaine, son infranchissable sillon, coupant par la moitié un château, une ferme, un jardin d'agrément, laissant, comme nous en avons vu tant d'exemples, la maison d'un côté, le jardin de l'autre, les bâtiments d'exploitation à droite, les terres à exploiter à gauche, mettant une lieue de distance entre le pâturage et l'étable, le commencement et la fin des avenues, l'allée dans laquelle on se promène, et le banc de gazon sur lequel on se repose. Assurément, si les auteurs du contrat de mariage avaient vu ces propriétés dans l'état où elles sont aujourd'hui, ils se seraient bien gardés de les rendre dotales; ils seraient les premiers à conseiller de les vendre. Mais, stipuler dans un contrat de mariage, c'est graver sur le bronze, et, jusqu'à la dissolution du mariage, le régime dotal vivra avec toutes ses rigueurs.

Les circonstances ne sont plus les mêmes : fortune, position, gouvernement, tout a changé autour des conjoints, et, combien de révolutions ne peuvent-elles pas s'accomplir pendant la durée d'une association conjugale ! mais le pacte matrimonial reste immuable, et tant que les époux vivront, son joug pèsera sur eux.

Voilà ce à quoi ne réfléchissent jamais assez

ceux qui tracent ce cercle de *Popilius*, qu'on appelle un contrat de mariage.

Ils obéissent aux idées du moment, se laissent influencer par de mesquines considérations, et ne songent pas que les liens qu'ils forgent peuvent durer plus d'un demi-siècle, et que nous vivons dans un temps où il n'est pas donné à la prudence humaine de voir si loin dans l'avenir.

Il est vrai de dire que, dans la province que nous habitons, les inconvénients que je viens de signaler sont un peu atténués par la longue habitude, généralement prise, d'insérer dans le contrat de mariage une clause qui permet l'aliénation des immeubles dotaux moyennant remploi.

C'est déjà quelque chose de gagné sur les déplorables rigueurs du régime dotal, que cette faculté donnée aux époux de remplacer des biens qui leur sont devenus onéreux, par d'autres qui peuvent leur être profitables.

Mais remarquons bien que, si cette faculté est accordée avec quelque étendue, la dotalité n'est plus qu'un vain mot, et toutes ses prétendues garanties deviennent illusoires. Si, par exemple, le remploi peut se faire en biens d'une nature différente de celle des biens vendus; si des immeubles peuvent être remplacés par des actions industrielles ou autres valeurs mobilières, susceptibles de s'aliéner ou de se perdre sans être elles-mêmes remplacées, le régime dotal n'a plus de de sens, car la conservation de la dot n'est plus assûrée.

Il faut donc, pour ne pas sortir des conditions de ce régime, que le remploi des immeuble vendus ne puisse s'effectuer qu'en immeubles de même nature, devenant dotaux comme ceux qu'ils remplacent, et ne pouvant plus être vendus eux-mêmes sans un nouveau remplacement. Les intérêts de la femme sont alors à couvert, car l'acquéreur du bien dotal est obligé de surveiller le remplacement, et, si ce remplacement n'était pas jugé suffisant, il serait responsable de l'insuffisance.

Nous examinerons plus tard, au point de vue de l'intérêt des tiers, les conséquences de cette responsabilité ; disons seulement, dès à présent, qu'elle a pour les époux ce déplorable effet, que l'acquéreur, voulant trouver une compensation à la responsabilité qu'il encourt, ne se décide que par la vileté du prix qui lui est demandé, et que cette vileté doit naturellement être d'autant plus grande que les difficultés de la surveillance du remploi sont plus considérables.

Acheter une pièce de terre en remplacement d'une autre qu'on a vendue, ne paraît pas chose bien difficile ; mais la question ne se réduit pas toujours à des termes si simples.

Souvent, en remplacement de biens vendus en Normandie, ce sera en Provence qu'on en voudra acquérir ; ou bien, on aura vendu une terre et on aurait besoin d'une maison, une maison et on voudrait une usine. Ou bien encore, au moment où l'on aura trouvé à vendre, on ne trouvera point à acheter, il faudra laisser ses fonds entre les mains de l'acquéreur qui les consignera et fera ainsi perdre des intérêts.

Souvent il arrive que, par suite d'un partage de succession ou d'une expropriation pour cause d'utilité publique, une faible somme revient à une femme dotale, et ne peut être touchée que moyennant un remplacement en immeubles.

Pense-t-on qu'il soit bien facile d'employer 100 fr. ou 200 fr., quelquefois une somme plus modique encore, à l'acquisition d'un fonds de terre ou d'une propriété bâtie ? La difficulté équivaut, dans bien des cas, à une impossibilité véritable, et les deniers versés à la caisse des consignations y attendent éternellement un emploi que les époux ne se trouvent jamais en mesure de réaliser.

Remarquons, en outre, que ce ne sont pas seulement les immeubles de la femme dont la disposition se trouve paralysée par les effets du régime dotal ; les arrêts ont étendu la prohibition d'aliéner à la dot mobilière, et encore que cette jurisprudence ait été, lorsqu'elle s'est établie, vivement attaquée comme contraire à tous les textes du code civil et du droit romain, elle n'en a pas moins acquis l'autorité d'un point de doctrine que l'on n'ose plus contester devant les tribunaux.

La plus grave conséquence de cette inaliénabilité, c'est que la femme ne peut renoncer à l'hypothèque légale que la loi lui donne sur les biens de son mari pour la conservation de ses droits.

Or, comme les apports de la femme ne sont pas complètement énoncés dans le pacte matrimonial ; comme, après le mariage, ces apports peuvent être augmentés par des successions ou des donations dont des inventaires réguliers ne constatent pas toujours l'importance, il en résulte que les tiers ne peuvent jamais connaître avec exactitude le montant des reprises conservées par cette hypothèque légale de la femme, qui doit cependant primer toute autre hypothèque consentie pendant le mariage sur les immeubles qui en sont frappés.

On conçoit aisément, d'après cela, que ces immeubles ne soient pas facilement acceptés comme garantie hypothécaire des obligations que le mari veut souscrire.

Surtout si l'on fait attention qu'outre les reprises actuelles de la femme et ses droits déjà acquis, le prêteur a encore à considérer l'éventualité d'une séparation de biens entre les époux, d'une expropriation, d'un état d'ordre dont les frais viendraient accroître le montant de la créance que l'immeuble aurait à payer avant la sienne (1).

---

(1) Dans son excellent ouvrage intitulé : *Du Regime dotal et de la nécessité d'une réforme dans cette partie de notre législation*, M. Marcel a traité ces questions en homme consommé dans la pratique des affaires, et, par des chiffres, il démontre fort clairement combien est sérieuse l'objection du prêteur qui rencontre l'hypothèque légale d'une femme dotale sur les biens qu'on lui offre en garantie hypothécaire.

Ainsi, par exemple, il suppose un cultivateur, un petit marchand, un simple ouvrier, propriétaire de quelques immeubles évalués à 4,000 fr. ; cet homme éprouve un incendie, une inondation, une maladie, un de ces mille accidents qui peuvent faire naître des besoins pressants ; il voudrait emprunter 1,000 f., sur ses immeubles qui en valent 4,000.

Admettons que sa femme ne lui ait apporté en mariage qu'un simple trousseau estimé 1,000 fr.; le prêteur fera tout naturellement ce calcul :

Valeur du trousseau,	1,000 fr.
Frais de séparation de biens,	500
Frais d'expropriation d'état d'ordre,	2,000
Total.	3,500 fr.

Les biens valussent-ils 5,000 fr. au lieu de 4,000, on pourrait

Maintenant, est-il besoin d'insister sur la gravité des inconvénients que peuvent entraîner, pour la femme elle-même, ces entraves dans lesquelles le mari se trouve placé pour l'administration de sa fortune.

Sans doute, il existe des maris dissipateurs qui se ruinent en folles dépenses; et, pour ceux-là, la loi ne saura jamais assez multiplier ses entraves; mais ce sont, Dieu merci, des exceptions pour lesquelles il ne faut pas mettre en interdit les gens sages et honnêtes, qui, dévoués aux intérêts de leur ménage, ne cherchent à augmenter leur fortune que pour augmenter le bien-être de leur femme et de leurs enfants.

Or, dans combien de circonstances, non-seulement une sage spéculation à faire dans la vue d'un accroissement de fortune, mais une utile

---

encore trouver imprudent celui qui donnerait 1,000 fr. sur un pareil gage.

Mais ce qui est surtout grave en cette matière, c'est l'indéterminé des successions qui peuvent être échues à la femme depuis son mariage, et n'avoir pas encore été liquidées. L'existence même de ces successions peut être ignorée des tiers, et, en tous cas, il leur est bien impossible de pressentir le montant des reprises que l'hypothèque légale de la femme donnera à celle-ci droit de prélever sur le prix de l'immeuble qui leur est hypothéqué conventionnellement.

mesure de conservation à employer pour une fortune déjà acquise, ne nécessiteront-elles pas un emprunt hypothécaire ?

Puis, quelle entrave au crédit du commerçant que ce déplorable régime dans lequel l'homme, le plus riche en apparence, peut n'offrir aucune prise à ses créanciers !

Nous dirons plus tard, quand nous nous occuperons de l'intérêt des tiers, à quelles fraudes peut donner lieu contre eux cette étrange anomalie entre les dehors de la fortune et l'insolvabilité. Notons seulement, dès à présent, les justes défiances qu'elle inspire et les entraves que ces défiances apportent naturellement à l'essor de l'industrie et du commerce.

Que sera-ce maintenant si nous établissons que les garanties achetées au prix de tous ces inconvénients, sont le plus souvent illusoires, et que le régime dotal, inflexible pour l'homme de bien qui respecte trop la justice pour la vouloir tromper, offre encore au dissipateur plus d'un moyen d'arriver à l'aliénation et à la perte de la dot.

Le législateur, effrayé lui-même des conséquences de l'aliénation dotale, a cru devoir y faire quelques exceptions, et il a prévu plusieurs circonstances devant l'impérieuse nécessité desquelles la rigueur de ce principe devait fléchir.

Ainsi, lorsqu'il s'agit d'établir les enfants, ou de tirer de prison le mari ou la femme, ou de fournir des aliments à la famille, ou de payer les anciennes dettes, soit de la femme, soit de ceux qui ont constitué la dot, ou de faire de grosses réparations à l'immeuble dotal, le fonds dotal peut être aliéné.

Ces dispositions sont assurément fort sages, et leur nécessité n'a pas besoin d'être démontrée.

Mais, ce qu'il peut être intéressant de remarquer, c'est l'abus qu'il est possible d'en faire, et les différentes manières dont le mari dissipateur, pour lequel elles n'ont pas été écrites, peut arriver à s'en faire faire l'application.

Il est, par exemple, un tour que nous avons vu souvent jouer à la justice, et qui, à notre connaissance, a été toujours, ou presque toujours, couronné d'un plein succès.

Un mari, à bout de ressources, ayant épuisé tout son avoir personnel, ou bien, étant désireux de tenter la fortune par une spéculation hasardeuse, veut faire argent du bien dotal de sa femme; voici comment il s'y prend :

14

Il souscrit une lettre de change au profit d'un compère qui, à l'échéance, obtient contre lui une condamnation au tribunal de commerce et le fait mettre en prison.

Aussitôt sa femme présente une requéte au tribunal, et, *pour tirer son mari de prison*, la justice l'autorise à aliéner sa dot.

L'immeuble est vendu, l'acquéreur verse son prix aux mains du créancier apparent qui, tout de suite, le remet à son compère.

Le titre est détruit ou il est fait une contre-lettre, et le tour est joué.

Nous savons bien qu'un emprisonnement cause toujours, en province surtout, une sorte d'esclandre qui répugne à beaucoup de gens; mais la cupidité triomphe de bien des répugnances, et puis les gens bien avisés savent s'y prendre de telle façon, que le secret couvre leurs manœuvres.

Ainsi, une affaire supposée appelle le mari dans la Capitale; c'est là que l'ami complaisant le fait incarcérer. La femme éplorée révèle à la justice le secret de l'absence prolongée de son mari, mais, dans le monde, cette prolongation d'absence se colore des mille et une raisons qui peuvent retenir un homme pendant quelques semaines hors de ses foyers.

Nous avons connu des hommes fort considérables qui ont employé ce moyen. Jamais, dans le monde, on ne s'en est douté.

Si nous choisissons cet exemple des fraudes qui peuvent être faites à la loi, ce n'est pas que celle-là soit la plus facile ni la plus fréquente. Il est même assez rare que les maris dissipateurs soient obligés d'y recourir, et ne trouvent pas de moyens plus simples pour obtenir de la justice l'autorisation qui leur est nécessaire à l'effet d'aliéner la dot de leur femme.

Tantôt, c'est un établissement qu'ils veulent procurer à leurs enfants, et ceux-ci sont d'accord avec eux pour payer le prix de cet établissement. Tantôt, ce sont des aliments qu'ils veulent fournir à leur famille, et l'on parvient à dissimuler à la justice les ressources qui pourraient être employées à cet usage et qu'on livre aux chances de la spéculation. Il y a dans les rangs inférieurs de la société une certaine classe de praticiens, chez laquelle l'esprit est singulièrement ouvert pour toutes ces sortes de manœuvres, et où l'on sait trouver, pour les positions difficiles, des ressources que les plus habiles jurisconsultes n'inventeraient jamais.

Il ne peut entrer dans le plan de notre ouvrage d'énumérer ici tous les moyens par lesquels il peut être fait, en cette matière, violence à la loi et surprise à la conscience des juges, mais nous avons bien la conviction que nous ne serons démentis par aucun homme versé dans la pratique des affaires, quand nous dirons qu'il est peu d'exemples de maris voulant arriver, *per fas et nefas*, à l'aliénation du bien dotal de leur femme, et ne pouvant y parvenir.

Que l'on cesse donc de tant vanter les garanties protectrices du régime dotal, puisque son action s'amoindrit et s'efface dans les cas précisément où elle serait le plus nécessaire, tandis que, là où elle est inutile, elle entrave de la manière la plus déplorable l'administration des fortunes.

CHAPITRE DEUX.

DU RÉGIME DOTAL, CONSIDÉRÉ DANS SES RAPPORTS AVEC L'INTÉRÊT DES TIERS.

Si, dans les pages qui précèdent, nous sommes parvenus à convaincre que, pour les époux eux-mêmes qui le prennent pour base de leur union, le régime dotal présente plus d'inconvénients que d'avantages, la cause de ce régime est perdue, car il ne se trouvera personne qui, l'envisageant au point de vue de l'intérêt des tiers, ose contester qu'il ouvre une large porte à la fraude, et soit, pour tous ceux qui se trouvent en contact avec les femmes dotales, une source féconde de troubles, de déceptions et de ruine.

Et, en effet, comment en serait-il autrement, si l'on considère que, sous ce régime, les biens constitués en dot sont d'une inaliénabilité tellement absolue que, quels que soient les engagements pris sur ces biens par les époux, ils n'ont jamais, pour s'en dégager, d'autres efforts à faire que de produire leur contrat de mariage, et de citer l'art. 1560 du Code civil, véritable épée d'Alexandre, qui tranche sans difficulté les liens les plus solides, les nœuds les plus indissolubles.

Cet art. 1560, qui doit être un légitime épouvantail pour tous ceux qui se trouvent en rapport avec des femmes mariées sous le régime dotal, ne saurait être trop connu ; qu'on nous permette d'en rappeler le texte :

« Si, hors les cas d'exception qui viennent « d'être expliqués, la femme ou le mari, ou tous « les deux conjointement, aliènent le fonds dotal, « la femme ou ses héritiers pourront faire révo- « quer l'aliénation après la dissolution du mariage, « sans qu'on puisse leur opposer aucune pres- « cription pendant sa durée : La femme aura le « même droit après la séparation de biens.

« Le mari, *lui-même*, pourra faire révoquer « l'aliénation pendant le mariage, en demeurant « néanmoins sujet aux dommages-intérêts de « l'acheteur, s'il n'a pas déclaré dans le contrat « que le bien vendu était dotal. »

Ainsi, quand une femme a vendu, avec ou sans l'assistance de son mari, un immeuble faisant partie de sa dot, quels que soient les termes du contrat, les engagements pris, les assurances données, les garanties promises pour surprendre et tromper la bonne foi de l'acquéreur, il ne sera même pas besoin d'attendre la dissolution du mariage ; le lendemain du jour où les époux auront reçu le prix de l'immeuble vendu, ils pourront reprendre cet immeuble, et laisser, pour toute ressource, à l'acquéreur spolié, une action en dommages-intérêts à intenter contre le mari, si le mari n'a pas déclaré dans le contrat la dotalité de l'immeuble (1).

Voilà l'article 1560 !

Peut-on maintenant réfléchir sans effroi aux conséquences que peut entraîner l'ignorance de cet article.

Un immeuble est à votre convenance ; vous l'achetez, vous le payez, vous vous en croyez propriétaire. Un demi-siècle s'écoule ; l'immeuble

---

(1) Remarquez encore, que, si la vente n'a pas été faite par le mari lui-même, mais par la femme autorisée de son mari, encore que le contrat n'indique pas la dotalité de l'immeuble, l'action en dommages-intérêts contre le mari échappe à l'acquéreur. C'est ce qu'a jugé la Cour d'appel de Paris, par un arrêt du 14 mai 1829.

La Cour de Toulouse a jugé, par arrêt du 22 décembre 1854, que la peine du Stellionat ne peut être appliquée au mari qui a vendu le bien de sa femme sans en déclarer la dotalité. Ainsi l'acquéreur n'aura pas même la ressource de la contrainte par corps pour se faire payer les dommages-intérêts qui lui seront dûs.

a changé de nature; sur un terrrain nu, vous avez bâti des maisons, d'une ferme vous avez fait un château, d'une maison une usine; vous vous croyez riche, et vous avez marié vos enfants en conséquence; vous avez contracté des engagements sur la foi de la fortune que vous pensiez avoir, vous avez pris des habitudes de vivre en rapport avec cette fortune; enfin, vous êtes bien installé dans votre propriété, vous espérez y finir vos jours et y mourir en paix....; mais vous avez compté sans l'article 1560 !!!

Depuis moins de dix ans, votre venderesse a cessé de vivre (1); un de ses héritiers découvre dans son contrat de mariage le vice de l'aliénation qui vous a été faite, il en demande la résolution, vous expulse et vous ruine !

Demanderez-vous des dommages-intérêts au mari qui ne vous a pas déclaré la dotalité de l'immeuble? Appellerez-vous en garantie le notaire qui aura trompé votre confiance? Tous deux peut-être seront morts insolvables.

Mais, diront les défenseurs du régime dotal, personne n'est censé ignorer la loi; le Code civil

---

(1) Suivant quelques auteurs, la prescription n'est même que trentenaire. Voir notamment M. Benoit, *Traité de la dot*, tom. I, page 562.

est ouvert à tout le monde, et tout le monde peut y lire l'article 1560. Tant pis pour ceux qui s'y laissent prendre.

Nous dirons alors : tant pis pour bien des gens; car bien des gens y sont pris.

Et comment, dans le fait, en serait-il autrement?

La loi n'est-elle pas définie par les auteurs de droit naturel : « L'expression de ce qui est juste « dans des cas donnés? » Montesquieu ne l'appelle-t-il pas : « La raison du père de famille? » Et, enfin, n'est-on pas tellement habitué à la trouver d'accord avec la raison et avec l'équité, que partout où l'équité et la raison se font clairement apercevoir, nul ne songe à consulter la loi?

Comment donc imaginerait-on facilement qu'une femme, parce qu'elle est mariée sous le régime dotal, peut se jouer de ses engagements, violer ses promesses, et reprendre son bien après l'avoir vendu et en avoir touché le prix !

Nous savons bien qu'en Normandie, et généralement dans les pays où le régime dotal est en usage, les acquéreurs ont l'esprit ouvert sur les conséquences de ce régime, et que là, avant d'acquérir un bien de femme, la première chose que l'on exige c'est la représentation du contrat de mariage de la venderesse. Mais il ne faut pas juger de toute la France par les habitudes du pays que nous habitons. Dans la plus grande partie du royaume, le régime dotal est si peu usité qu'on le connaît à peine; les chances d'inaliénabilité dotale sont si rares qu'on ne s'en préoccupe pas, et, quand, par hasard, il se trouve par-là une femme dotale, la fraude lui est d'autant plus facile qu'on est moins attentif à la prévenir.

Remarquez, d'ailleurs, que cette fraude dont nous parlons, se trouvera environnée de circonstances telles qu'elle pourra être pratiquée contre un acquéreur fort soucieux de ses intérêts, qui, pour connaître la condition de ses vendeurs, aura fait tout ce qui lui était humainement possible de faire.

Ce n'est pas, en effet, chose toujours bien facile que de savoir sous quel régime des époux sont mariés.

On sait qu'après de longues discussions sur la prééminence du régime dotal ou du régime de la communauté de biens, les auteurs du Code civil ont fini par les adopter tous deux, laissant les époux libres de prendre l'un ou l'autre pour base de leurs conventions matrimoniales, et les laissant libres aussi de ne prendre ni l'un ni l'autre, et de se faire, suivant leur fantaisie, un régime mixte, amalgamé de dispositions puisées tout à la fois au chapitre du régime dotal et au chapitre de la communauté de biens.

Comme, toutefois, les préférences du législateur étaient pour ce dernier régime, il en a fait le droit commun de la France, et y a soumis à l'avance tous ceux qui se marieraient sans contrat.

De là suit que, pour connaître les droits d'une femme mariée, deux questions sont à résoudre :

Existe-t-il un contrat de mariage? S'il existe, quel est-il ?

Il est certain que, s'il n'existe pas de contrat, le mariage est régi nécessairement par les règles relatives à la communauté de biens; mais, en supposant qu'il en existe, il reste à savoir si, des stipulations souvent fort ambigues de ce contrat, il résulte soumission des époux au régime dotal et constitution en dot de tels ou tels biens.

Déjà, la première de ces deux questions est, dans beaucoup de cas, insoluble.

Comment, en effet, l'acquéreur à qui on déclare que la venderesse s'est mariée sans contrat de mariage, qu'elle est, en conséquence, commune en biens et capable d'aliéner, peut-il vérifier la sincérité de cette déclaration?

Lors de la discussion du Code civil, une mesure fort sage était proposée; un des articles du projet voulait que toute clause de soumission au régime dotal fut affichée dans la principale salle de chacun des tribunaux de première instance, dans le ressort desquels se trouvaient et le domicile des époux et les immeubles dotaux (1).

C'eût été quelque chose pour la garantie des tiers que cette publicité donnée à un contrat qui allait placer deux citoyens dans une position toute exceptionnelle, toute exhorbitante du droit commun; mais l'article fut rejeté sur les observations d'un membre de l'Assemblée législative qui le soutint inutile, en se fondant sur cet axiôme du droit : *Nemo debet esse ignarus conditionis illius cum quo contrahit* : peut-on présumer, ajoutait-il, que celui qui achète un bien, ne se fasse pas représenter les titres qui en rendent le vendeur propriétaire. (2)

____

(1) Art. 191 du projet rectifié, présenté dans la séance du 4 brumaire an XII.

(2) Fenet, t. XIII, p. 600.

Dans une pétition présentée à la Chambre des Députés, il y a quelques années, et reproduite récemment à l'Assemblée nationale, on proposait une mesure qui, bien plus aisé-ment et bien plus efficacement que celle indiquée lors de la discussion du Code civil, eût paré aux inconvenients résultant

Ni ce député, ni l'Assemblée qui s'empressa de faire droit à sa proposition, ne songèrent, sans doute, que l'acquéreur qui ne trouverait pas le contrat de mariage de son vendeur au nombre de ses titres, serait bien forcé de se payer de cette raison. « Nous voulions nous marier en commu-« nauté de biens, nous nous en sommes tenus « aux dispositions de la loi et nous n'avons pas « fait de contrat. » (1)

Tout ce que l'acquéreur peut exiger, quand une pareille déclaration lui est faite, c'est un acte de notoriété dressé par un notaire devant lequel plusieurs témoins sont appelés et viennent dire que, quoiqu'ils connaissent les époux, *il n'est pas*

---

de l'ignorance du régime auquel des époux se sont soumis en contractant mariage.

Le pétitionnaire voulait tout simplement que, dans l'acte civil du mariage, la date du contrat et le notaire dépositaire de sa minute fussent indiqués ; pour sanction à cette disposition on eût déclaré l'omission ou la non sincérité de la mention susdite équivalente, quant aux tiers, à l'absence de tout contrat de mariage. Cette bonne idée eut le sort de bien d'autres, l'ordre du jour l'écarta.

(1) L'art. 1393 du Code civil est ainsi conçu : « A défaut de « stipulations spéciales qui dérogent au régime de la commu-« nauté ou le modifient, les règles établies dans la première partie « du chapitre 2 formeront le droit commun de la France. »

à leur connaissance qu'ils aient fait un contrat de mariage.

On comprend bien, sans que nous ayons besoin d'insister, toute l'insuffisance d'une parelle preuve. Les démarches que pourra faire l'acquéreur dans les études de notaires, n'amèneront pas pour lui un résultat plus satisfaisant; car, la loi n'exigeant pas que le contrat de mariage soit passé devant tel notaire plutôt que devant tel autre, ce sera souvent un notaire fort éloigné de la résidence des époux qui aura été le rédacteur de leur contrat. Remarquez, d'ailleurs, que les vendeurs, ou les auteurs des vendeurs peuvent avoir été mariés bien loin du lieu où ils contractent, et à une époque bien reculée.

L'acquéreur qui se laisse tromper par les fausses déclarations d'une femme dotale, se disant mariée sans contrat, et, par conséquent, commune en biens, ne mérite donc pas qu'on lui applique la maxime un peu brutale du droit romain : *Vigilantibus non dormientibus jura subveniunt.*

C'est bien éveillé sur ses intérêts qu'il a contracté. Il a fait appeler à une enquête de nombreux témoins ; il a exploré beaucoup d'études de notaires, et l'existence de ce malheureux contrat n'a pu lui être révélée. Sa ruine n'en est pas moins consommée. La femme qui a concouru au contrat, qui a participé à la fraude, qui, peut-être, l'a inventée et conseillée, se cache derrière son mari que la loi considère comme en étant le seul auteur, et, en fait, seul responsable. Elle a dissipé avec lui le prix de l'immeuble, elle va maintenant demander sa séparation de biens, et, quand l'acquéreur aura épuisé toutes ses ressources à poursuivre un insolvable, cet insolvable viendra partager avec elle les revenus de cet immeuble augmenté de toutes les améliorations, de toute la plus value dont l'acquéreur, qui s'en était cru irrévocablement propriétaire, l'aura enrichi(1).

Ce sont là de véritables spoliations que nous voyons la justice consacrer tous les jours (2).

---

(1) La Cour d'appel de Rouen a jugé, par un arrêt du 50 novembre 1840, que l'acquéreur d'un immeuble dotal ne pouvait, après l'annullation de la vente, retenir la possession de l'immeuble jusqu'à ce que la femme ou ses héritiers lui aient tenu compte de la plus value résultant des améliorations par lui faites. De Villeneuve, 1841, 2ᵉ partie, page 71.

(2) De nombreux arrêts ont même décidé que lorsque la femme avait des biens paraphernaux, c'est-à-dire non soumis à la dotalité, elle ne pouvait être contrainte, sur ces biens-là, à indemniser l'acquéreur de son bien dotal, qu'elle avait, dans le contrat de vente, déclaré expressément garanti de toute éviction. Voir notamment ceux des Cours d'appel de Rouen, du 5 décembre 1840, de Toulouse du 19 août 1845, de Limoges du 10 février 1844, de Riom du 12 août même année, d'Agen du 17 juillet 1848. Voir aussi un arrêt de cassation du 25 juin 1846.

Maintenant, allons plus loin, et plaçons-nous dans la seconde des deux hypothèses que nous avons posées plus haut.

Le contrat de mariage existe; pas de difficulté sur ce point. Il est produit à l'acquéreur, et c'est à lui à démêler, à travers les ambiguités souvent calculées de sa rédaction, l'étendue des droits de sa venderesse.

Qu'il y prenne garde; car la question sur laquelle il a à se prononcer aujourd'hui sera soumise un jour à la décision d'un tribunal, et, si la majorité des juges composant ce tribunal allait ne pas la décider comme lui, sa ruine serait consommée.

Or, pour faire bien comprendre jusqu'à quel point peut être épineuse et ardue la question de savoir si le bien qu'on veut lui vendre est ou n'est pas aliénable, si, en l'acquérant, il courra ou ne courra pas les dangers d'une éviction, nous avons besoin d'entrer dans quelques détails.

Pour que des biens soient frappés de l'inaliénabilité dotale, d'après les principes du Code civil, deux circonstances sont nécessaires :

1° La soumission des époux au régime dotal, et 2° la constitution en dot des biens dont il s'agit.

Sans la réunion de ces deux circonstances, les biens restent libres.

« La constitution de certains biens en dot, « porte l'art. 1392, ne suffit pas pour soumettre ces « biens au régime dotal, s'il n'y a dans le contrat « une déclaration expresse à cet égard. » Et, d'un autre côté, il résulte des articles 1574 et 1576 (1), qu'alors qu'il y a dans le contrat de mariage une déclaration expresse de soumission au régime dotal, les biens de la femme non constitués en dot sont paraphernaux, c'est-à-dire que la femme en conserve la libre disposition et peut les aliéner valablement avec l'autorisation de son mari.

Maintenant, quand y a-t-il, dans un contrat de mariage, soumission au régime dotal? Quand y a-t-il constitution de dot?

Ici naissent des difficultés sans nombre. A la disposition de la loi qui veut que la soumission au régime dotal soit expresse, la doctrine et la jurisprudence se sont empressées d'ajouter qu'elle n'avait pas besoin d'être sacramentelle, c'est-à-dire que ces mots : *nous nous soumettons au régime dotal*, pouvaient être remplacés par des équivalents.

C'était tout de suite ouvrir le champ aux in-

---

(1) Voir le texte de ces articles à la fin du volume.

terprétations, et c'est un déplorable champ que celui-là. Jamais on ne peut y marcher avec sécurité; les entraves s'y rencontrent à chaque pas, et les limites reculent toujours à mesure qu'on avance.

Deux exemples, choisis parmi beaucoup d'autres, vont nous faire bien comprendre :

Des époux déclarent se marier en communauté de biens, ce qui est une exclusion formelle du régime dotal ; mais, par une disposition ultérieure de leur contrat, ils stipulent que les immeubles de la femme seront soumis à la disposition prohibitive de l'art. 1554 du Code civil.

L'art. 1554 est situé au chapitre du régime dotal. Il porte que les immeubles constitués en dot ne peuvent être aliénés ni hypothéqués pendant le mariage.

Un créancier des époux imagine que s'il ne peut faire vendre les immeubles, il peut, au moins, faire saisir les revenus qui sont saisissables sous le régime de la communauté, auquel les époux lui paraissaient n'avoir voulu apporter de restriction qu'en ce qui concerne les immeubles seulement.

Ce créancier gagne sa cause devant la Cour

d'Appel de Paris, mais il la perd devant la Cour de Cassation qui, interprétant autrement les stipulations du contrat de mariage, décide qu'il a été dans l'intention des époux de soumettre leurs revenus aux conséquences de la dotalité (1).

Autre exemple :

Des époux se marient sans déclarer sous quel régime ils entendent se marier ; puis ils stipulent « que les biens donnés à la future, par ses parents, « lui seront censés de nature dotale, pour en con- « server les priviléges et prérogatives accordés « par la loi. »

Un créancier qui ne croit pas voir, dans cette clause obscure et ambiguë, une soumission expresse au régime dotal, fait saisir les immeubles ; il triomphe devant le tribunal de Jonsac, mais la Cour de Poitiers juge que les stipulations du contrat *expriment suffisamment l'intention* de soumettre les biens de l'époux au régime dotal, et *équivalent* à une déclaration expresse à cet égard (2).

---

(1) Arrêt du 24 août 1836, rapporté par M. Dalloz. Vol. de 1837, 1re partie, page 141.

(2) Arrêt du 17 juillet 1838, rapporté par M. Dalloz. — 1839. 2e partie, page 5.

Nous pourrions multiplier beaucoup ces exemples sans nous donner, pour cela, d'autre peine que de feuilleter les recueils de jurisprudence, tristes monuments de l'imperfection des jugements humains, et qui montrent combien sont sujets à des appréciations différentes les termes dans lesquels sont rédigés les contrats.

Quant à ce qui concerne la constitution de dot, la loi n'exige même pas qu'elle soit expresse. Elle peut être implicite, elle peut être tacite. Il suffit que l'on juge que des époux mariés sous le régime dotal, ont *eu l'intention* de se constituer certains immeubles en dot, pour que ces immeubles-là jouissent du privilége exorbitant de l'inaliénabilité.

Citons seulement pour exemples deux arrêts de la Cour de Rouen :

Dans l'espèce de l'un de ces arrêts, la femme avait dit tout simplement, à l'égard de ses immeubles, qu'elle les apportait en mariage.

La Cour a jugé qu'*apporter en mariage* ou constituer en dot, c'était la même chose (1).

---

(1) Arrêt du 26 mai 1842, *jurisprudence de la Cour d'Appel de Rouen*. Vol. de 1842, p. 297.

Dans l'autre espèce, la femme n'avait même pas dit qu'elle apportait ses immeubles en mariage ; seulement le contrat contenait certaines expressions et certaines clauses d'après lesquelles la Cour a pensé que les époux avaient considéré leurs immeubles comme dotaux (1).

---

(1) Arrêt du 3 février 1845.

Souvent, dans les contrats de mariage, surtout dans ceux faits à une époque peu éloignée de la promulgation du Code civil, on rencontre des formules empruntées aux usages de l'ancienne coutume de la province où ces contrats sont passés. Ces formules sont une cause à peu près inévitable de surprise et d'erreur pour les acquéreurs étrangers qni en ignorent la signification.

Ainsi, on a vu, dans des contrats de mariage, cette déclaration faite par des époux *qu'ils se prenaient en tous leurs biens et droits**, ou bien *qu'ils s'associaient avec tous et chacun de leurs biens et droits, et contractaient une société usagère***, ou bien encore, que la femme *instituait son mari son procureur irrévocable pour le régime et administration de ses biens présents et à venir****.

On a jugé qu'en employant ces expressions, autrefois usitées dans les pays de droit écrit, les époux avaient suffisamment manifesté leur intention de soumettre leurs biens à la dotalité, et les malheureux acquéreurs qui, dans ces expressions étrangères pour eux, n'avaient pas vu une constitution de dot, ont été ruinés. Ces décisions étaient très rationnelles et très conséquentes avec ce principe consacré par la jurisprudence : que les contrats de mariage doivent, comme tous les autres contrats, s'interpréter par la volonté présumée des parties contractantes.

* Voir un arrêt de la Cour d'Appel de Poitiers, du 8 décembre 1824.

** Voir un arrêt de la même Cour, du 24 mars 1825.

*** Voir un arrêt de la Cour de Grenoble, du 28 mai 1825.

Ce qu'il y a de déplorable dans les deux espèces que nous citons, comme, du reste, dans
toutes celles analogues que nous pourrions citer,
c'est que, pour surprendre la confiance de l'acquéreur ou du prêteur, les époux n'avaient né-
gligé aucun moyen. Rendant même de très
honorables jurisconsultes involontairement com-
plices de leur fraude, ils avaient demandé des
consultations, et, grâce à cette diversité d'appréciations dont nous parlions tout à l'heure, et qui
est le triste apanage de l'intelligence humaine,
ils avaient pu s'appuyer sur des autorités res-
pectables pour persuader aux tiers qui contractaient avec eux que leurs biens n'étaient pas
constitués en dot, et pouvaient, dès lors, être
aliénés ou servir de gage à leurs engagements;
puis, une fois le contrat signé et l'argent reçu,
ils avaient tout de suite changé de langage et
plaidé le *contre* après avoir plaidé le *pour*.

Nous ne connaissons, pour notre part, rien
de plus immoral que ce double jeu, et notre ame
se révolte quand nous le voyons triompher devant la justice.

Allons plus loin encore, et pour montrer tous
les dangers que courent les tiers qui contractent
avec les femmes dotales, supposons un contrat
de mariage rédigé dans les termes les plus clairs,

contenant expressément soumission au régime dotal et constitution de dot, mais en même temps contenant cette clause si généralement usitée dans la province que nous habitons, à savoir : que les biens dotaux de la future sont aliénables moyennant remploi.

Pour bien apprécier la portée d'une pareille clause, il faut se rendre compte qu'elle laisse subsister, en principe, l'inaliénabilité dotale avec toutes les conséquences qu'elle entraîne ; qu'elle n'autorise l'aliénation que sous la condition expresse, indispensable, d'un remploi, c'est-à-dire de l'existence, dans les mains de la femme, d'un autre bien qui remplace, pour elle, celui qu'elle a vendu, qui lui devienne dotal, et dans la valeur duquel elle puisse retrouver la valeur de celui-là.

D'où suit cette conséquence, qui doit causer l'effroi des acquéreurs, que, si la condition n'est pas rigoureusement remplie, l'exception cessant, le principe reprend toute son énergie, et l'aliénation est invalidée.

Maintenant, dépend-t-il toujours de l'acquéreur de faire que cette condition, si essentielle à sa sécurité, soit accomplie ? C'est là ce qu'il faut examiner.

Pour que le remploi soit valable, il faut qu'il soit accepté par la femme; il faut en outre qu'il soit légalement constaté par les contrats et par les quittances que le prix de l'acquisition a été payé avec les deniers provenant de la vente du fonds dotal. (Art. 1434 et 1435 du Code civil.)

Cela suppose que le fonds dotal doit être d'abord aliéné, et que c'est postérieurement qu'un autre fonds est acquis pour le remplacer.

Entre l'aliénation et le remploi, l'acquéreur se trouve dans cette position, que la condition indispensable à la validité de son acquisition n'étant pas remplie, il peut se voir évincé de l'immeuble qu'il vient d'acquérir.

En vue de cette éventualité, il dépose ordinairement son prix à la caisse des consignations, afin qu'il ne soit versé dans les mains du vendeur qu'au moment où celui-ci, en fournissant un remploi à la femme, effacera le caractère dotal de l'immeuble, et consolidera la propriété dans les mains de l'acquéreur.

Mais qu'arrivera-t-il souvent? c'est que le remploi qui aura été annoncé, ne se réalisera pas.

La femme, mieux conseillée, refusera de l'accepter, ou le vendeur voudra conserver son bien.

L'acquéreur du fonds dotal demandera alors la réalisation de son contrat; il voudra reprendre son prix et restituer aux époux un immeuble dont ils pourraient le dépouiller quand ils voudraient. On lui répondra avec la doctrine et la jurisprudence (1), que la nullité résultant de l'article 1560 du Code civil, n'est que relative; qu'elle peut bien être invoquée contre lui, mais non par lui; que tout ce qu'il a droit de faire, c'est de contraindre ses vendeurs à faire un remploi; mais pour le remploi, il faut trouver un immeuble qui convienne, et cela peut bien ne pas se rencontrer de suite. Pour peu que les époux y mettent de la mauvaise volonté, quelques mois se passeront, et si, pendant ce temps, l'un deux vient à mourir, le remplacement sera devenu impossible, et le malheureux acquéreur se verra dépouillé par suite de circonstances qu'il n'était pas en son pouvoir de conjurer.

Une fois le remploi réalisé, c'est-à-dire accepté par la femme, et fait en son nom avec les deniers provenant de la vente de son fonds dotal, l'acquéreur de ce fonds pourra-t-il au moins s'en regarder comme irrévocablement propriétaire?

Hélas! non; car si un jour les époux viennent à subir l'éviction du fonds acquis par eux en rem-

____

(1) Arrêts de Cassation des 11 décembre 1825, 25 juin 1822 et 25 avril 1851.

ploi, pour des causes antérieures à ce même remploi, ils auront droit de recourir sur lui et de
se faire renvoyer en possession de l'immeuble
qu'ils lui auront vendu.

Or, on sait combien, dans l'état actuel de notre
législation hypothécaire, sont fréquentes les évictions résultant de causes qui n'ont point été pré-
vues par les acquéreurs : une vente antérieure
n'a pas été transcrite et est demeurée inconnue ;
un ancien vendeur n'a pas été payé et a conservé
son droit de résolution ; une hypothèque légale
n'a pas été purgée ; tous ces cas, et beaucoup
d'autres. peuvent donner lieu à des évictions
qui, en frappant l'immeuble acquis en remploi,
atteignent par un fatal ricochet l'immeuble
dotal remplacé. De façon que les chances périlleuses qui accompagnent inévitablement toute
acquisition immobilière, sont nécessairement
doublées pour l'acquéreur d'un bien dotal, aliénable moyennant remploi.

Mais, sans qu'il y ait eu précisément éviction
de l'immeuble acquis en remploi, combien de
fois n'est-il pas arrivé que cet immeuble a été jugé
insuffisant pour mettre l'acquéreur du fonds dotal
à l'abri des recherches de ses vendeurs ?

Il est certain que si la femme ne trouve pas
dans l'immeuble acquis la valeur de l'immeuble

vendu, le remploi n'est pas complet Il y a perte réelle pour la femme, altération de sa dot, et, comme il est dans les principes du régime dotal que la dot ne peut jamais être perdue ou altérée, la femme est, ce cas échéant, parfaitement recevable à soutenir que les conditions sous lesquelles l'aliénation de son bien dotal avait été permise dans son contrat de mariage, n'ont pas été remplies; que cette aliénation, illégalement faite, doit être considérée comme nulle, et qu'elle est en droit de reprendre son immeuble en quelques mains qu'il se trouve, et quel que soit le prix par lequel il lui a été déjà payé.

Veuillez bien considérer maintenant quelles seront pour l'acquéreur les conséquences de cette réclamation, qui pourra fort bien ne se produire qu'un demi-siècle après son acquisition.

La contestation qui lui sera faite pourra également porter, soit sur le prix de l'immeuble dotal que l'on soutiendra avoir été payé au-dessous de sa valeur, soit sur celui de l'immeuble acquis en remploi que l'on dira vendu trop cher. Or, depuis 5o ans, les circonstances auront changé. Les conditions dans lesquelles se trouvaient l'un ou l'autre de ces immeubles, ne seront plus les mêmes; la valeur de l'un aura pu augmenter beaucoup, et la valeur de l'autre aura pu diminuer. Cependant, des experts seront nommés, et leur appréciation deviendra la règle des juges ; or, on sait ce que sont les appréciations d'experts, même lorsqu'il s'agit de déterminer la valeur actuelle des biens soumis à leur examen.

Quelles ne devront pas être les légitimes anxiétés d'un acquéreur qui sera peut-être fort éloigné des lieux où le procès lui sera intenté, qui aura peut-être depuis longtemps revendu lui-même l'immeuble en litige et en aura employé le prix, et qui se verra appelé en garantie par plusieurs acquéreurs successifs de ce même immeuble, pour répondre à une action en éviction, fondée sur ce que des gens, qui lui seront devenus tout-à-fait étrangers, auront fait jadis une mauvaise spéculation en lui vendant ou en vendant à ses auteurs un immeuble, et en le remplaçant par un autre !

La seule éventualité d'un pareil procès doit faire frémir tout homme soucieux de son repos, et personne au monde ne voudrait, à quelque prix que ce fût, acquérir un immeuble dotal, s'il arrêtait sa pensée sur tous les troubles qui peuvent suivre une pareille acquisition.

Et que sera-ce maintenant si le contrat de mariage contient, comme la plupart en contiennent, des restrictions à la faculté d'aliéner moyennant remploi, exprimées dans des termes sujets à interprétation ; s'il est dit, par exemple, comme cela est dit le plus souvent, que le remplacement devra se faire en immeubles de même nature ?

Combien de procès sont nés et naîtront encore, si Dieu prête vie au régime dotal, sur le sens de ces trois mots, *de même nature!*

La femme dotale possédait une ferme, elle achète un château ; ou bien une pièce de terre en labour, et elle achète une prairie; ou bien une maison, et elle achète une usine ; ou bien une auberge, et elle achète un théâtre ; ce sont également des immeubles, également des biens ruraux ou des biens de villes ; mais le produit n'est pas le même ; les chances d'amélioration ou de dépréciation ne sont pas les mêmes non plus. Sont-ce là des biens de même nature suivant le sens que les rédacteurs du contrat de mariage ont voulu donner à ces mots? Sur cinquante bons esprits à qui la question sera soumise, vingt-cinq résoudront par l'affirmative, et vingt-cinq par la négative.

Eh bien! un jour viendra où, quand vous aurez payé votre immeuble, quand vous l'aurez embelli et amélioré, quand vous l'aurez disposé suivant vos convenances et vous serez fait une habitude de sa possession, ou bien quand vous l'aurez transmis à vos héritiers, l'idée viendra à votre venderesse, ou à son mari, ou à ses héritiers, de soumettre à un tribunal cette question si controversable, et, s'il arrive que la majorité des membres composant ce tribunal soit d'avis que l'immeuble qui vous a été vendu n'était pas *de même nature* que l'immeuble acquis en remploi, vous aurez à subir toutes les conséquences d'une éviction.

Plaçons-nous maintenant dans une autre hypothèse, et supposons qu'au lieu d'un remplacement en immeubles, le contrat, comme cela arrive encore si souvent, autorise un remploi en garanties hypothécaires.

Voilà l'acquéreur obligé de répondre de la validité et de la suffisance de l'hypothèque qui sera donnée à la femme. Le voilà assumant sur lui toutes les chances périlleuses qui accompagnent toujours dans notre législation les placements hypothécaires.

Que l'affectation ne soit pas consentie par le véritable propriétaire des immeubles hypothéqués; qu'elle soit donnée par un incapable ou sur des biens placés sous le coup d'une action résolutoire ou en revendication; que l'inscription ne soit pas régulièrement prise ; la femme voyant son remplacement lui échapper, rentrera dans tous ses droits contre l'acquéreur de son bien dotal, et, armée du terrible article 1560, elle viendra l'expulser de l'immeuble qu'elle lui avait vendu.

Il en sera de même si les immeubles hypothéqués sont jugés insuffisants pour répondre de l'hypothèque ; or, cette insuffisance peut résulter non-seulement de la valeur intrinsèque de ces immeubles, mais encore de l'importance des autres hypothèques dont ils étaient grevés antérieurement au remploi, et parmi lesquelles peuvent se trouver ces hypothèques légales, qui, étant dispensées de publicité, sont une source si fréquente de mécomptes pour les emprunteurs.

Nous pourrions multiplier jusqu'à l'infini ces hypothèses dans lesquelles la rédaction plus ou moins ambiguë des contrats de mariage peut devenir, pour les acquéreurs de biens dotaux, une cause de déception et de ruine.

Nous aimons mieux les résumer toutes par cette double considération, qui suffira pour faire apprécier, à quiconque y voudra bien réfléchir, toute l'étendue du mal : d'une part, que la plus grande latitude est donnée par la loi aux rédacteurs des contrats de mariage; qu'ils y peuvent faire entrer toutes les clauses qui leur sont inspirées par le caprice de leur fantaisie, sous la seule réserve du respect dû aux bonnes mœurs, à la puissance paternelle ou maritale, et à l'ordre légal des successions (1), et, d'une autre part, que les contrats de mariage s'interprètent, comme tous les autres contrats, par la volonté présumée des parties contractantes; d'où sort cette conséquence, désolante pour les tiers qui ont contracté sous la foi d'un contrat de mariage, que leur sort sera réglé par les dispositions d'un acte auquel ils n'ont point été partie, et dont les obscurités s'interprêteront par la présomption d'une volonté qui leur a été étrangère.

Maintenant, si l'on considère combien les lois rédigées par les hommes les plus éminents du royaume, dans un intérêt général et avec la plus grande clarté possible, donnent encore lieu, tous les jours, à des difficultés d'interprétation qui divisent les plus habiles jurisconsultes; et cela encore, lorsque de nombreux monuments de la volonté qui a présidé à la rédaction de ces lois demeurent dans les discussions des Chambres

---

(1) Art. 1387, 1388 et 1389 du Code civil. Voir le texte de ces articles à la fin du volume.

législatives, pourra-t-on trouver supportable la position d'un acquéreur, dont la sécurité dépend de l'interprétation qui pourra être donnée un jour à une clause dont l'ambiguité a peut-être été calculée à dessein pour le tromper !

Les cas sont donc bien rares où l'acquéreur d'un bien dotal pourra se considérer comme propriétaire incommutable de l'objet de son acquisition.

Le danger à cet égard est si réel et si généralement senti, que la plupart des acquéreurs, dans les cas où le contrat de mariage autorise l'aliénation du bien dotal sous condition de remploi, refusent de payer leur prix et se laissent assigner ; un procès s'en suit, et ce n'est que lorsqu'un jugement, passé en force de chose jugée, les a condamnés, qu'ils consentent à se libérer.

Mais alors de deux choses l'une : ou le procès n'est pas sérieux, c'est-à-dire est concerté à l'avance entre le vendeur et l'acquéreur, comme moyen de donner à ce dernier une sécurité de plus, et, à l'aliénation, une garantie de fixité qui lui manquerait sans cela ; et, alors, si un jour la collision est découverte, la femme ou ses héritiers, invoquant la fraude qui fait exception à toutes les règles, feront annuler le jugement et révoquer l'aliénation : *quoties in fraudem legis fit alienatio, non valet quod actum est;*

Ou bien ce sera après une contestation sérieuse que l'acquéreur sera condamné à payer son prix, et alors il aura à subir toutes les conséquences d'un procès perdu ; c'est-à-dire que pendant tout le temps où le procès aura duré, et l'on sait ce que les procès durent, il aura été privé, tout à la fois, et des avantages de son immeuble dont il n'aura osé prendre possession, et des intérêts de son prix qu'il lui aura fallu consigner ; puis, qu'après la décision qui l'aura condamné, il aura à payer, outre les frais de justice qui pourront être considérables, les dommages-intérêts que le vendeur ne manquera pas de réclamer.

En vérité, quand on considère bien tous ces inconvénients et tous ces dangers, on se demande comment les biens dotaux trouvent des acqué-reurs. Ils en trouvent cependant, mais c'est aux dépens de leur valeur. On les paie moins cher en considération des risques auxquels on s'expose en les acquérant, et cette moins-value est une perte, non-seulement pour les vendeurs, mais aussi pour l'État qui voit diminuer ainsi les richesses du pays.

Si encore les rigueurs du régime dotal n'at-teignaient que les époux qui s'y sont soumis et les tiers qui contractent avec eux, nous l'absou-drions avec la maxime : *volentibus non fit injuria ;* mais, il n'en est pas ainsi. Déjà nous avons cité

des piéges tendus à la bonne foi des acquéreurs,
auxquels les plus vigilants devaient se laisser
prendre. Ajoutons qu'il est une foule de positions
dans lesquelles on se trouve involontairement
en contact avec la dotalité, et exposé à souffrir
de ses exorbitantes immunités.

Ainsi, vous êtes créancier, votre débiteur
meurt, et sa succession est acceptée par sa fille,
mariée sous le régime dotal. Celle-ci ne fait pas
d'inventaire, et dilapide la succession; il se trouvera des juges qui décideront que vous ne pouvez
poursuivre sur des biens dotaux le recouvrement
de votre créance (1).

Vous êtes débiteur, et il plaît à votre créancier
de donner pour dot à sa fille sa créance sur vous,
en stipulant dans le contrat de mariage l'emploi
des deniers dotaux. Si cet emploi n'est pas fait
dans les termes du contrat, vous pouvez être
condamné à payer deux fois (2).

Une femme dotale vous intente un procès;
vous voudriez en sortir par un arbitrage, la do-

---

(1) Citons pour preuve et pour exemple un arrêt de la Cour
d'Agen du 26 janvier 1833, et un arrêt de la Cour de cassation
du 3 janvier 1825.

(2) Art. 1553.

talité s'y oppose (1). Le procès qui vous est fait est d'une révoltante injustice, vous gagnez votre cause en première instance, en appel, en cassation ; mais les dépens sont considérables, vous ne pouvez les faire payer à votre adversaire, et vous êtes ruiné (2).

Enfin, il y a plus. Une femme sous le régime dotal se rend coupable envers vous d'un délit ou d'un crime. Elle vole votre bourse, incendie votre maison ; on a longtemps jugé que vous ne pouviez vous venger sur ses biens dotaux (3).

On voit que personne ne peut se flatter d'être

---

(1) Art. 83 et 1004 du Code de procédure civile. Arrêts des Cours de Nismes, du 26 février 1812, de Lyon, du 20 août 1828, et de Montpellier, du 15 novembre 1830, etc.

(2) Arrêts de la Cour d'Agen, des 26 janvier 1833, 6 décembre 1847, de Rouen, du 12 mars 1839, et de la Cour de Cassation, du 28 février 1834.

Il y a, toutefois, des arrêts contraires, et la question est controversée.

(3) Cette doctrine a fini par trouver, il est vrai, des contradicteurs dont l'esprit d'équité s'est révolté contre la rigueur du texte ; mais elle a aussi des défenseurs. V. notamment Tessier, *Traité de la dot*, n° 78, note 675. V. aussi un arrêt de la Cour de Cassation, du 28 janvier 1834, et un arrêt tout récent de la Cour de Montpellier, du 4 février 1842.

Tout ce qu'on peut dire dans l'état actuel de la jurisprudence, c'est que, sur ce point comme sur le précédent, la question est controversée, ce qui est peu rassurant pour les tiers.

hors des atteintes du régime dotal, puisqu'alors même qu'on n'est ni créancier, ni débiteur, ni propriétaire, on ne peut être à l'abri d'un mauvais procès intenté par une femme dotale, d'un quasi délit, d'un délit ou d'un crime commis par elle.

Nous terminerons d'ailleurs par une considération qui sera comprise par tout le monde :

C'est que, dans le courant habituel des affaires, il est une foule de petites transactions, de petits contrats, de petits engagements pour lesquels il n'est véritablemement pas possible de prendre toutes les précautions que, dans les grandes affaires, la prudence conseille.

Par cela seul que des époux occupent dans le monde un rang distingué, qu'ils font de grandes dépenses, étalent un grand luxe, chacun les croit riches. Qu'il leur plaise d'acheter à crédit ou d'emprunter une petite somme, se fera-t-on représenter leur contrat de mariage? s'inquiétera-t-on de savoir si la fortune vient du mari ou vient de la femme? si les biens de l'un sont plus que suffisants pour solder les reprises de l'autre, et si, dans le cas d'une séparation de biens entre les époux, après la liquidation des droits de la femme, il resterait au mari de quoi payer les dettes du ménage ?

La pensée n'en viendra même pas.

Il y a plus ; c'est que, même après la séparation prononcée en justice, même après l'insolvabilité du mari constatée par la ruine de nombreux créanciers, les apparences de fortune que, grâce à la dot de sa femme, celui-ci conserve, sont pour les tiers une cause incessante de tromperie.

Nul ne peut imaginer que ce brillant équipage dans lequel il se promène, cet hôtel somptueux qu'il habite, les domestiques nombreux qui le servent, rien de tout cela n'est à lui. On lui vend et on lui prête sur la foi du luxe qu'il étale et de la fortune qu'on lui suppose ; puis, quand on vient saisir, la femme se montre, et dit : « Tout « est à moi ; à moi l'équipage, à moi l'hôtel, à « moi les beaux meubles, mon mari est chez moi, « je le nourris, je le vêtis, je le promène en « voiture ; mais je ne suis pas obligée à payer ses « dettes, et je ne les paierai pas. »

En vérité, il serait peut-être d'une bonne police d'obliger tous les époux mariés sous le régime dotal à se munir de crecelles, comme les lépreux au moyen-âge, pour écarter les passants, et tenir les gens en garde contre les dangers qui peuvent résulter de leur contact.

CHAPITRE TROIS.

*Du régime dotal considéré dans ses rapports avec
l'intérêt général du pays.*

Après avoir examiné le régime dotal au respect
de l'intérêt des époux et de l'intérêt des tiers, il
nous reste à l'envisager au point de vue de l'intérêt général du pays.

Ce troisième aspect de la question est tout à la
fois le complément et la conséquence des deux
autres.

L'intérêt public se compose de la réunion des
intérêts privés, et il est bien impossible que,
lorsqu'au sein d'une société tant de froissements
particuliers se font sentir, la société toute entière
ne s'en trouve pas, jusqu'à un certain point,
ébranlée.

Ainsi, déjà, quant à la morale publique, combien n'a-t-elle pas à souffrir du scandale de toutes
ces fraudes dont nous avons parlé, et qui se réa-
lisent au grand jour, sous les yeux, et, en quelque sorte, avec la protection de la justice qui

en consacre , par ses décisions , les résultats spo-
liateurs ?

Lorsque , dans le sanctuaire des lois, il est
permis à une femme d'élever la voix', et de dire :

« Pour obtenir de vous le paiement de mon
« immeuble , je vous ai caché mon contrat de
« mariage , et vous ai dit qu'il n'existait pas. Ou
« bien : j'ai abusé de votre ignorance et de votre
« confiance en moi pour vous faire croire qu'il
« me donnait le droit de recevoir votre argent ;
« mais tout cela de ma part était fraude et men-
« songe, payez-moi une deuxième fois , ou rendez-
« moi mon bien. »

Lorsqu'un pareil langage , loin d'être couvert
par les huées de l'auditoire et flétri par l'indignation des magistrats, est au contraire couronné
de succès et suivi de la spoliation de l'acquéreur
trompé, ne sort-il pas de là, pour les masses, une
impression mauvaise qui tend à pervertir chez
elles le sentiment du juste et du vrai, et à ébran-
ler, dans le peuple, la confiance et le respect qui
sont dus aux dispensateurs de la justice !

Mais ce n'est pas seulement la morale publique
qui est blessée par de pareils exemples.

Les intérêts généraux de la propriété en souf-
frent également.

Pour être utile et féconde, la propriété a surtout besoin d'une grande stabilité, et le propriétaire qui voit son voisin dépouillé par des causes qu'il n'avait pu prévoir, croit sentir aussi le sol trembler sous ses pas.

S'il possède avec crainte, il hésitera à faire des améliorations dont il ne se croira pas sûr de recueillir les fruits, et ce sera autant de perdu pour les richesses du pays.

Mais, ce qui est une cause de perte bien plus grande encore pour le pays, c'est, d'une part, l'immutabilité de tous les biens-fonds frappés de l'inaliénabilité dotale, et, de l'autre, la moins-value de tous ceux qui, quoique dotaux, sont aliénables sous certaines conditions,

Nous n'avons pas besoin de nous arrêter à de longues considérations d'économie politique pour démontrer ces deux propositions fort évidentes par elles-mêmes.

Des biens qui ne circulent pas, sont, à certains égards, pour la fortune publique, comme s'ils n'existaient pas, et des biens qui exposent à des dangers d'éviction ceux qui les acquièrent, voient nécessairement leur valeur diminuer en raison de la gravité et de l'imminence de ces dangers.

Avant la loi du 27 avril 1825, qui, en accordant une indemnité aux émigrés victimes des confiscations révolutionnaires, a donné à ces confiscations l'irrévocabilité d'une juste et équitable consécration, il est certain que la vague inquiétude qui agitait les possesseurs de leurs biens, malgré tout ce qui avait été dit et fait pour les rassurer, suffisait pour faire subir à ces biens une notable dépréciation.

Une dépréciation bien plus grande, parce que les dangers sont bien plus réels, frappe aujourd'hui les biens dotaux.

Celui qui ne peut acquérir qu'à la condition de fournir un remploi à son vendeur, de demeurer garant de la validité de ce remploi, de ne pouvoir se libérer avec sécurité qu'après avoir soutenu et perdu un procès; enfin, à la charge de tous les périls que nous avons signalés dans le chapitre qui précède, celui-là, bien certainement, s'il consent à se soumettre à ces embarras et à courir ces périls, en voudra trouver le dédommagement dans la vileté du prix de son acquisition.

Aussi, voyons-nous en Normandie, par exemple, où les biens dotaux aliénables, moyennant remploi, couvrent une grande partie du sol,

que la première question que fait un acquéreur
tend à savoir si le bien qu'on lui offre n'est pas
un bien dotal, comme on demandait autrefois
si les biens à vendre n'étaient pas des biens
d'église ou des biens d'émigrés, confisqués ré-
volutionnairement.

Mais, au contraire de la dépréciation des biens
d'émigré qui allait toujours diminuant, parce que
les craintes de dépossession s'amoindrissaient à
mesure que s'éloignait le fait unique qui aurait
pu y donner lieu, la dépréciation des biens dotaux
augmente tous les jours, parce que tous les jours
de nouveaux exemples de dépossession viennent
effrayer les acquéreurs; parce que, dans un temps
où les capitaux sont sollicités de toute part par
les avantages que présentent les spéculations
hasardeuses de l'industrie et du commerce, ce
n'est que la considération d'une grande solidité
qui peut porter les capitalistes à se contenter des
faibles intérêts que donne la propriété foncière;
parce que, enfin, la soif du gain domine de plus
en plus, et qu'elle inspire aux vendeurs des tromperies qui engendrent, à leur tour, de justes
méfiances chez les acquéreurs.

La dotalité porte donc une double atteinte à
la richesse du pays qu'elle diminue dans la dou-

ble proportion des mutations de propriété qu'elle empêche, et de la moins-value qu'elle fait subir aux immeubles aliénables moyennant remploi.

Nous ne pensons pas que cette fâcheuse conséquence du régime dotal, ait jamais été contestée, ni qu'elle puisse l'être par qui que ce soit; mais souvent nous avons entendu les partisans de ce régime s'applaudir des entraves qu'il apporte à la transmission des propriétés foncières dans l'intérêt de l'agriculture, qu'ils voient menacée dans son avenir par le morcellement toujours croissant des héritages.

Sans vouloir contester les ressources que les grandes exploitations présentent à certaines branches de notre agriculture, et, tout en comprenant les légitimes préoccupations de nos économistes en présence des dangers que fait pressentir le morcellement dont ils se plaignent, nous nous croyons fondés à dire que, non seulement le régime dotal n'oppose pas de véritables entraves au morcellement des propriétés, mais qu'il met obstacle au seul remède utile qui puisse être apporté à ce fléau agricole, en rendant plus difficile la réunion des propriétés contiguës.

Cela demande quelques développements.

Deux causes, suivant nous, concourent au morcellement des propriétés :

Les partages entre héritiers et les ventes en détail.

Ce n'est pas à dire, toutefois, que ces deux causes doivent être placées sur la même ligne.

Il en est une dont l'action est plus lente que celle de l'autre, mais en même temps bien plus puissante, bien plus générale, bien plus sérieusement inquiétante.

Les ventes en détail n'affectent ordinairement que certains terrains, situés dans des positions exceptionnelles, ou bien des héritages qui ne peuvent gagner à être divisés que parce qu'ils seront mieux cultivés par parcelles qu'ils ne l'étaient dans leur ensemble, et, dans ce dernier cas, l'agriculture regagne d'un côté ce qu'elle perd de l'autre.

Mais les partages de succession font sentir leur influence dissolvante sur toute la surface du territoire. Toutes les exploitations agricoles vont s'amoindrissant en passant du père aux enfants, de l'oncle aux neveux. Ce sont des arbres qui se divisent, d'abord en grosses branches, puis en petits rameaux, et cela, tant que la matière est divisible, c'est-à-dire jusqu'à l'infini.

Sous l'ancien régime, chacune des deux causes

que nous venons d'indiquer, avait son *retenail*, s'il nous est permis d'emprunter à Bossuet cette expression énergique.

Les *substitutions* empêchaient les ventes en détail, et le *droit d'aînesse* conservait l'héritage entre les mains de l'aîné de la famille.

Le droit d'aînesse a disparu de nos lois sans y laisser aucune trace de sa longue existence, et le partage égal des successions suffirait bien à lui seul, et en peu de temps, pour amener entre tous les héritages ce morcellement justement redouté, si, à côté de son action destructive, ne se trouvait une autre force constituante et créatrice, dont tout à l'heure nous allons parler.

Quant aux substitutions, c'est évidemment en mémoire d'elles que les sectateurs de la dotalité ont vanté les avantages conservateurs de l'inaliénabilité dotale ; mais il nous paraît évident qu'ils ont été frappés d'une fausse analogie.

Les biens substitués étaient à toujours inaliénables. Les biens dotaux, au contraire, ne sont inaliénables que pendant la durée du mariage pour lequel ils ont été constitués en dot.

Cette inaliénabilité temporaire peut bien retarder l'exécution des projets du spéculateur, mais elle n'y fait pas renoncer; et, si une propriété se trouve telle par sa situation, qu'il y ait avantage à la diviser, ce ne sera pas aujourd'hui, mais ce sera demain que la spéculation la divisera.

L'avenir n'y aura rien gagné, et, en matière de législation et d'économie politique, c'est sur l'avenir qu'il faut avoir toujours les yeux fixés.

Il est donc certain qu'en l'absence du droit d'aînesse et des substitutions, et par la double action des ventes en détail et des partages successoraux, les biens ruraux tendront toujours à se diviser et à s'amoindrir, jusqu'à ce que, cédant à des forces d'une nature différente, leurs parties divisées se réunissent, s'agglomèrent et forment de nouvelles grandes exploitations sur les débris de celles qui disparaissent.

Ces forces dont nous parlons et dont le facile développement doit exciter maintenant toute la sollicitude des économistes, ne manqueront jamais au pays.

A côté des fortunes qui s'écroulent, il en est d'autres qui se créent. Les spéculations qui ruinent les uns, enrichissent les autres. Tel a toujours été et sera toujours l'inévitable effet des vicissitudes humaines.

Dans tous les temps, nous verrons les capitaux s'amonceler dans certaines mains privilégiées, et, quelle que soit la source de ces richesses, qu'elles soient dues au commerce ou à l'industrie, à l'exercice des professions libérales, aux efforts du génie ou au hasard de l'agiotage, leurs heureux possesseurs chercheront toujours à les consolider dans leurs mains au moyen des garanties de fixité que peut seule offrir la propriété foncière.

Nous aurons donc dans l'avenir, comme nous avions dans le passé, de grands propriétaires fonciers.

Le sol ne sera plus comme autrefois à l'aristocratie nobiliaire ; mais il appartiendra toujours à l'aristocratie d'argent, et, pour ce qui concerne les intérêts de l'agriculture, peu importerait, si, dans les mains de ces possesseurs nouveaux, les héritages pouvaient, comme autrefois, se constituer en grands domaines, en grandes exploitations.

Malheureusement il n'en est pas ainsi.

Ceux qui, de nos jours, possèdent de grandes fortunes territoriales, ont leurs biens éparpillés sur beaucoup de points différents. Tel qui pourrait posséder un vaste domaine et y déployer avec avantage toutes les ressources de l'agriculture appliquée en grand, en est réduit à ne posséder que de petites fermes, isolées les unes des autres, et soumises aux conditions défavorables de la petite culture.

Assurément ce n'est pas dans le caprice des propriétaires qu'il faut chercher la raison de ce fâcheux état de choses. L'intérêt est un guide dont les avis sont rarement négligés, et, ici, il parle assez haut pour croire qu'on l'écouterait, si l'on pouvait librement suivre ses inspirations; mais, dans le temps où nous vivons, acquérir suivant ses convenances n'est pas toujours chose aisée.

D'abord les convenances sont entrées dans le commerce, il faut les payer, et souvent les payer fort cher. Puis, outre cette triste conséquence de l'esprit de cupidité et d'égoïsme qui a envahi nos mœurs, la législation apporte aussi ses entraves, au nombre desquelles celles résultant du régime dotal doivent être comptées en première ligne.

Malheur, en effet, au propriétaire dont l'héritage se trouve borné par un bien dotal. Cette limite sera pour lui infranchissable, et jamais il ne pourra, de ce côté, agrandir son domaine.

Abolissez le régime dotal, diminuez les droits

de mutation , corrigez les vices de notre système hypothécaire, en un mot, rendez plus faciles et plus sûres les échanges et les transmissions d'immeubles, bientôt vous verrez de tous côtés de petites propriétés contiguës se réunir et se confondre , pour former, dans les mains d'un propriétaire commun, une exploitation unique, importante par son étendue, et , par cela même, avantageuse dans son exploitation.

L'agriculture y gagnera , l'industrie y trouvera aussi ses avantages.

La loi sur les expropriations pour cause d'utilité publique donne à l'État et aux compagnies concessionnaires de travaux publics, subrogées dans ses droits, des moyens pour franchir les entraves de la dotalité Les biens dotaux deviennent aliénables dès qu'ils sont nécessaires pour l'exécution des travaux légalement reconnus pour être d'utilité publique. (1)

Le tribunal ordonne alors les mesures de remploi qu'il juge nécessaire, et l'embarras n'existe plus que pour les propriétaires obligés de se conformer à ces mesures.

____

(1) Art. 15 de la loi du 3 mai 1841.

Mais, quand c'est un particulier qui, pour une opération industrielle, a besoin de réunir plusieurs propriétés privées, les mêmes facilités ne lui sont point octroyées par la loi.

Si, au nombre de ces propriétés dont la réunion est utile, il se trouve un bien dotal, toute la spéculation est entravée.

Il faudra renoncer à créer une de ces grandes usines qui répandent le travail, l'activité, l'aisance dans tout un pays, à ouvrir un de ces beaux passages qui, tout en faisant la fortune de ceux qui les exploitent, offrent au public des moyens si commodes et si agréables de communication, à former un de ces vastes établissements de santé ou d'éducation qui permettent de respirer au sein des villes l'air salubre de la campagne.

Encore que l'utilité publique de pareilles entreprises ne reçoive pas la sanction d'une décision administrative, elle n'en est pas moins incontestable ; car tout se tient en économie politique, et l'intérêt public n'est autre chose que cette espèce de solidarité qui existe entre tous les intérêts privés.

Pour qu'une spéculation fasse la fortune de ceux qui l'entreprennent, il faut qu'elle réponde à des besoins, qu'elle donne satisfaction à des intérêts généralement sentis ; il faut, en d'autres termes, qu'elle soit avantageuse au public ; d'où suit, qu'entraver la spéculation de l'intérêt privé, c'est nuire à l'intérêt public.

Tels sont nos griefs contre le régime dotal.

Nous les avons exposés avec bonne foi et sincérité, nous les livrons maintenant aux méditations de nos lecteurs, avec la confiance que peut inspirer une conviction profonde et le sentiment d'un devoir accompli.

Déjà nous savons avoir pour nous les sympaties des jurisconsultes, des praticiens, des économistes les plus éclairés de cette province, dans laquelle le régime dotal a pourtant de si profondes racines.

Contre nous, nous aurons nécessairement le grand nombre qui ne voit, dans le régime dotal, qu'une planche de salut tendue, après le naufrage, à des familles intéressantes, victimes de spéculations, de prodigalités auxquelles leur chef seul a pris part.

Sans contester ses avantages, nous les croyons payés de trop de gênes, de trop de sacrifices, de trop de douleurs par ceux même qui en profitent; puis, à côté de ces familles intéressantes auxquelles le régime dotal conserve l'aisance, nous voyons les familles des créanciers souvent bien intéressantes aussi, et, s'il faut que les unes ou les autres soient ruinées, il nous paraît préférable que ce ne soit pas celles au sein desquelles il n'y a eu ni prodigalité, ni dissipation.

CONCLUSION.

Au mal que nous avons signalé le remède serait simple.

Un trait de plume passé sur le chapitre du régime dotal dans le Code civil, et notre législation demeurerait complète dans son unité.

La communauté légale continuerait à régler le sort des époux qui se marieraient sans contrat; la communauté conventionnelle, toujours sanctionnée par la disposition de l'art. 1387 (1), ouvrirait un vaste champ à ceux qui voudraient, par des conventions particulières, modifier, ou même exclure la communauté légale, et les règles tracées au Code civil, dans la seconde partie du chapitre

---

(1) On sait que, d'après cet article, la loi ne régit l'association conjugale, quant aux biens, qu'à défaut de conventions spéciales que les époux peuvent faire comme ils le jugent à propos, pourvu qu'elles ne soient contraires, ni aux bonnes mœurs, ni à l'autorité maritale, ni à l'ordre légal des successions.

Les époux pourraient donc, même après la suppression du régime dotal, emprunter à ce régime absent celles des dispositions qui leur conviendraient, à la seule exception de l'inaliénabilité dotale qui est exorbitante du droit commun.

de la communauté, continueraient à offrir des thèmes variés pour la rédaction des contrats.

Tel serait suivant nous le meilleur parti à prendre pour mettre notre statut matrimonial en harmonie avec les autres matières de notre droit civil, et pour faire régner, dans cette partie de notre législation, cet esprit d'ensemble et d'unité qui avait inspiré les auteurs des premiers projets du Code.

Nous sommes même convaincu que les habitants de nos provinces méridionales n'auraient pas plutôt perdu la routine du régime dotal, et fait l'expérience de la communauté de biens, que ce dernier régime, qu'ils connaissent aujourd'hui si peu et si mal, obtiendrait leurs sympathies. N'espérons pas toutefois voir se réaliser bientôt cette réforme radicale, que nous appelons de toute la puissance des vœux que nous formons pour le bonheur de nos concitoyens.

On ne brise pas aisément avec l'esprit de routine, et le régime dotal compte encore en France de trop nombreux partisans pour que sa complète suppression, si on avait le courage de la tenter, n'excitât point encore aujourd'hui quelques-unes de ces vives et tumultueuses réclamations qui ont paralysé en l'an XII les efforts de nos législateurs.

Cette considération ne devrait peut-être pas arrêter ceux à qui sont confiés les intérêts généraux du pays ; en tout cas elle n'a pas dû arrêter notre plume ; car les réformes législatives ont besoin d'être préparées de longue main, et leur travail doit se faire dans les esprits avant de s'effectuer dans les lois. Les faire désirer , c'est la première condition pour les obtenir.

Peut-être, d'ailleurs, ne serait-il pas impossible, avant d'en venir à la suppression complète du régime dotal, de faire subir à ce régime une modification qui, tout en lui conservant les avantages qu'exaltent ses partisans, fasse cependant disparaître les principaux inconvénients signalés dans le cours de cet ouvrage.

Nous nous sommes longtemps appliqué à la solution de ce problème, et, tout en maintenant notre conclusion principale qui tend à l'entière abolition du régime dotal, nous allons indiquer, comme moyen subsidiaire, le tempérament qui nous a paru le plus propre à concilier, avec les garanties cherchées dans la dotalité, cette sécurité dans les transactions qui lui a été jusqu'à ce jour si complètement sacrifiée.

Ce que demandent les partisans du régime dotal , et nous ne pensons pas qu'ils veulent autre chose, c'est que la fortune de la femme soit protégée contre les dilapidations ou les mauvaises spéculations du mari.

Il ne faut pas, disent-ils, que l'épouse se trouve vis-à-vis de son mari dans cette perplexité cruelle, ou de sacrifier, à ses folles et souvent coupables exigences, son avenir et celui de ses enfants, ou d'amener, par le refus obstiné de son concours, des querelles, des emportements, ou, tout au moins, des dissensions propres à troubler la paix de son ménage.

Pour remédier à ce danger bien éventuel, le régime dotal ne trouve rien de mieux à faire, que de déclarer d'une manière absolue la dot inaliénable, de façon que, quelles que puissent être les raisons qui sollicitent les époux à aliéner, un obstacle infranchissable les arrête.

Sans doute, à ne considérer que l'intérêt de l'épouse, cet obstacle produit quelquefois de bons résultats. Il en produit le plus souvent de déplorables, comme nous l'avons démontré plus haut.

Nous voudrions changer la nature de l'entrave, et, à la résistance inflexible et aveugle de la loi, substituer l'appui tutélaire et intelligent de la famille.

Quoi de plus naturel, en effet, si l'on craint pour la fortune de la femme, les abus de la puissance ou de l'influence du mari, que de laisser celle-ci, quant à ses biens, sous la protection de sa famille.

Le tuteur ne peut vendre ni hypothéquer les biens du mineur sans l'avis d'un conseil de parents; pourquoi ne pas appliquer la même disposition au mari?

On n'aurait plus alors à redouter ces signatures arrachées à la fragilité du sexe par l'obsession ou la crainte. L'épouse qui, dans le tête-à-tête conjugal, n'oserait pas résister, saura bien confier ses appréhensions à un père, à un frère, à un ami, et, l'obstacle ne venant pas, ou ne paraissant pas venir d'elle, elle échappera aux récriminations du mari.

En autorisant l'aliénation, le conseil de famille prescrira les mesures de remploi qu'il jugera convenables, et, lorsque le remploi sera réalisé, il l'acceptera; ce qui mettra l'acquéreur à l'abri de tout recours ultérieur, et fera disparaître pour lui ces graves inconvénients dont nous avons signalé les conséquences funestes.

Les fraudes qui se commettent à l'aide de l'ambiguïté des contrats disparaîtront également.

Dès que l'acquéreur concevra quelques doutes sur le régime dominant dans le contrat, il exigera l'intervention du conseil de famille, et se mettra ainsi à couvert.

Alors, plus de dépréciation pour les biens dotaux aliénables moyennant remploi, plus de préjudice pour la fortune publique, plus de terrains improductifs, plus d'entraves aux bonnes et profitables spéculations.

Le mari dont les vues seraient imprudentes ou coupables, n'osera même pas les exposer devant les parents asssemblés de sa femme ; mais, au moins, celui qui ne sera animé que d'un désir éclairé d'améliorer la fortune de son épouse, ou de subvenir à des besoins pressants et impérieux pour le ménage, trouvera dans cette même assemblée de famille un heureux appui.

Nous nous attendons bien à ce que les partisans de la communauté de biens vont encore trouver déplacée cette intervention de la famille dans des questions de ménage qui doivent, diront-ils, se décider entre le mari et l'épouse.

Ce sentiment est assez le nôtre ; mais, dans notre plan, le régime de la communauté conserve toutes ses ressources, et le régime dotal lui-même peut encore être modifié de manière à élargir les droits du mari (1).

Seulement, dans tous les cas où le mari se serait trouvé en présence d'une inaliénabilité absolue, ou bien dans ceux où l'irrégularité d'un remploi aurait pu tendre un piége à la bonne foi d'un acquéreur et menacer sa sécurité dans l'avenir, l'intervention de la famille donnera à l'un d'heureuses facilités, à l'autre d'utiles garanties.

Nous proposons donc de remplacer les articles 1554 et 1558 du Code civil, par une disposition qui pourrait être formulée dans les termes suivants :

« Les biens dotaux ne pourront être aliénés
« pendant le mariage, ni par le mari, ni par la
« femme, ni par les deux conjointement, si l'alié-
« nation n'en a été permise par les quatre plus
« proches parents de la femme réunis en Conseil
« de famille (2).

---

(1) Ainsi des limites pourront être apportées dans le contrat à la surveillance des conseils de famille ; son intervention pourra être restreinte, par exemple, au cas d'aliénation sans remploi ; ou bien il pourra n'être appelé que pour ratifier le remploi quand il aura été effectué.

(2) L'article 2144 appelle également les quatre plus proches parents de la femme à composer le conseil de famille qui doit délibérer sur une demande en restriction de son hypothèque légale.

« Ce Conseil sera convoqué sur la réquisition
« des deux époux devant le juge de paix de leur
« domicile, et il procédera conformément aux
« règles tracées au titre des tutelles (1). »

Viendrait ensuite l'action révocatoire de l'article 1560, pour le cas seulement où l'aliénation
du fonds dotal n'aurait pas été autorisée conformément à ce qui vient d'être dit; de façon que
cette disposition, source aujourd'hui de tant de
difficultés et de procès, ne pourrait plus donner
lieu qu'à une question de pure forme, puisqu'il
s'agirait tout simplement de vérifier si l'autorisation de la famille a été ou n'a pas été régulièrement obtenue.

Telles sont les dispositions qui, à défaut de la
suppression totale du régime dotal, nous paraî-
traient les plus propres à en atténuer les inconvénients et les dangers.

Avant même qu'une réforme législative leur
ait donné accès dans le Code civil, elles pourraient être efficacement introduites dans les contrats de mariage; car elles n'ont rien de contraire

---

(1) Nous ne demandons pas l'homologation du tribunal, parce
que nous n'avons jamais bien compris l'utilité de cette mesure.

aux mœurs ni aux lois, et elles rentrent par conséquent dans la latitude permise par l'art. 1387.

Qui empêcherait, en effet, d'écrire dès aujourd'hui dans un contrat de mariage que les biens constitués en dot pourront être aliénés avec l'autorisation du conseil de famille de l'épouse. On pourrait ajouter que l'emploi du prix des aliénations sera réglé par ce même conseil de famille.

Sans doute, pour que de pareilles clauses reçoivent leur exécution, il faudra trouver chez le juge de paix et chez les parents composant le conseil de famille un concours qu'à la rigueur ils pourront refuser, parce que la loi ne le leur prescrit pas ; mais un tel mauvais vouloir est peu présumable ; d'ailleurs, rien ne serait plus facile que de substituer au concours du juge de paix celui d'un notaire, qui, à la vérité, ne prendrait point part au vote, mais qui en dresserait acte authentique, et, quant aux parents, comme leur refus de se rendre chez le notaire, équivaudrait de leur part à un refus d'autorisation, le but du rédacteur du contrat serait également rempli.

Tous ceux qui ont comme nous pratiqué le régime dotal, auront dans le souvenir bien des circonstances où de pareilles clauses, insérées dans un contrat de mariage, auraient évité beaucoup d'embarras aux époux, d'amers regrets à leurs parents, et des pertes cruelles à leurs prêteurs ou à leurs acquéreurs.

. . . . . Pendant que nous écrivions les dernières pages de ce livre une révolution politique, d'autres disent sociale, a bouleversé l'Europe.

De pareilles crises font rompre brusquement avec l'esprit de routine qui est le plus grand obstacle aux réformes de la nature de celle que nous proposons.

Toutefois, nos Représentants vont avoir tant à réviser, qu'il se passera peut-être bien du temps encore avant qu'ils en viennent aux détails de notre législation civile.

Mais les rédacteurs de contrats de mariage sont aussi des législateurs : *dicant et erit lex*. C'est à eux, c'est aux futurs époux, aux pères de famille, aux notaires, aux jurisconsultes qui les dirigent, que, tout d'abord, nous nous adressons.

Qu'avant de dicter la loi sous l'empire de laquelle une famille nouvelle va se constituer, ils sondent avec nous l'abîme que le régime dotal ouvrirait sous leurs pas, qu'ils s'en détournent, ou, au moins, ne dédaignent pas la planche jetée par nous sur cet abîme.

APPENDICE.

Comme complément à l'histoire du régime dotal et moyen de
vérification pour la critique que nous avons faite de ce régime,
nous croyons à propos de faire connaître dans cet appendice le
texte même des dispositions législatives qui sont la matière de
notre récit et de nos observations.

APPENDICE.

EXTRAIT DU CODE CIVIL.

LIVRE III.

Des différentes manières dont on acquiert la Propriété.

. . . .

TITRE V.

DU CONTRAT DE MARIAGE ET DES DROITS RESPECTIFS
DES ÉPOUX.

(Décrété le 20 Pluviôse an XII ; promulgué le 30 du même mois.)

CHAPITRE PREMIER.

Dispositions générales.

1387. La loi ne régit l'association conjugale,
quant aux biens, qu'à défaut de conventions spéciales
que les époux peuvent faire comme ils le jugent à
propos, pourvu qu'elles ne soient pas contraires aux

bonnes mœurs, et, en outre, sous les modifications qui suivent.

1388. Les époux ne peuvent déroger ni aux droits résultant de la puissance maritale sur la personne de la femme et des enfants, ou qui appartiennent au mari comme chef, ni aux droits conférés au survivant des époux par le titre *de la Puissance paternelle* et par le titre *de la Minorité, de la Tutelle et de l'Émancipation,* ni aux dispositions prohibitives du présent Code.

1389. Ils ne peuvent faire aucune convention ou renonciation dont l'objet serait de changer l'ordre légal des successions, soit par rapport à eux-mêmes dans la succession de leurs enfants ou descendants, soit par rapport à leurs enfants entre eux; sans préjudice des donations entre vifs ou testamentaires qui pourront avoir lieu selon les formes et dans les cas déterminés par le présent Code.

1390. Les époux ne peuvent plus stipuler d'une manière générale que leur association sera réglée par l'une des coutumes, lois ou statuts locaux qui régissaient ci-devant les diverses parties du territoire français, et qui sont abrogés par le présent Code.

1391. Ils peuvent cependant déclarer d'une manière générale qu'ils entendent se marier ou sous le régime de la communauté, ou sous le régime dotal.

Au premier cas, et sous le régime de la communauté, les droits des époux et de leurs héritiers seront
réglés par les dispositions du chapitre II du présent
titre.

Au deuxième cas, et sous le régime dotal, leurs
droits seront réglés par les dispositions du chapitre III.

1392. La simple stipulation que la femme se constitue ou qu'il lui est constitué des biens en dot, ne
suffit pas pour soumettre ces biens au régime dotal,
s'il n'y a dans le contrat de mariage une déclaration
expresse à cet égard.

La soumission au régime dotal ne résulte pas non
plus de la simple déclaration faite par les époux,
qu'ils se marient sans communauté, ou qu'ils seront
séparés de biens.

1393. A défaut de stipulations spéciales qui dérogent au régime de la communauté ou le modifient,
les règles établies dans la première partie du chapitre II formeront le droit commun de la France.

. . . .

CHAPITRE II.

Du Régime en Communauté.

. . . .

PREMIÈRE PARTIE.

De la Communauté légale.

. . . .

DEUXIÈME PARTIE.

De la Communauté conventionnelle, et des Conventions qui peuvent modifier ou même exclure la Communauté légale.

. . . .

CHAPITRE III.

Du Régime dotal.

1540. La dot, sous ce régime comme sous celui du chapitre II, est le bien que la femme apporte au mari pour supporter les charges du mariage.

1541. Tout ce que la femme se constitue ou qui lui est donné en contrat de mariage, est dotal s'il n'y a stipulation contraire.

SECTION Ire

De la Constitution de Dot.

1542. La constitution de dot peut frapper tous les biens présens et à venir de la femme, ou tous ses biens présens seulement, ou une partie de ses biens présens et à venir, ou même un objet individuel.

La constitution, en termes généraux, de tous les biens de la femme, ne comprend pas les biens à venir.

1543. La dot ne peut être constituée ni même augmentée pendant le mariage.

1544. Si les père et mère constituent conjointement une dot, sans distinguer la part de chacun, elle sera censée constituée par portions égales.

Si la dot est constituée par le père seul pour droits paternels et maternels, la mère, quoique présente au contrat, ne sera point engagée, et la dot demeurera en entier à la charge du père.

1545. Si le survivant des père ou mère constitue une dot pour biens paternels et maternels, sans spécifier les portions, la dot se prendra d'abord sur les droits du futur époux dans les biens du conjoint prédécédé, et le surplus sur les biens du constituant.

1546. Quoique la fille dotée par ses père et mère ait des biens à elle propres dont ils jouissent, la dot sera prise sur les biens des constituans, s'il n'y a stipulation contraire.

1547. Ceux qui constituent une dot, sont tenus à la garantie des objets constitués.

1548. Les intérêts de la dot courent de plein droit, du jour du mariage, contre ceux qui l'ont promise, encore qu'il y ait terme pour le paiement, s'il n'y a stipulation contraire.

SECTION II.

Des Droits du mari sur les biens dotaux, et de l'Inaliénabilité du Fonds dotal.

1549. Le mari seul a l'administration des biens dotaux pendant le mariage.

Il a seul le droit d'en poursuivre les débiteurs et détenteurs, d'en percevoir les fruits et les intérêts, et de recevoir le remboursement des capitaux.

Cependant il peut être convenu, par le contrat de mariage, que la femme touchera annuellement, sur ses seules quittances, une partie de ses revenus pour son entretien et ses besoins personnels.

1550. Le mari n'est pas tenu de fournir caution pour la réception de la dot, s'il n'y a pas été assujetti par le contrat de mariage.

1551. Si la dot ou partie de la dot consiste en objets mobiliers mis à prix par le contrat, sans déclaration que l'estimation n'en fait pas vente, le mari en devient propriétaire et n'est débiteur que du prix donné au mobilier.

1552. L'estimation donnée à l'immeuble constitué en dot n'en transporte point la propriété au mari, s'il n'y en a déclaration expresse.

1553. L'immeuble acquis des deniers dotaux n'est pas dotal si la condition de l'emploi n'a été stipulée par le contrat de mariage.

Il en est de même de l'immeuble donné en paiement de la dot constituée en argent.

1554. Les immeubles constitués en dot ne peuvent être aliénés ou hypothéqués pendant le mariage, ni par le mari, ni par la femme, ni par les deux conjointement, sauf les exceptions qui suivent.

1555. La femme peut, avec l'autorisation de son mari, ou, sur son refus, avec permission de justice, donner ses biens dotaux pour l'établissement des enfants qu'elle aurait d'un mariage antérieur; mais si elle n'est autorisée que par justice, elle doit réserver la jouissance à son mari.

1556. Elle peut aussi, avec l'autorisation de son mari, donner ses biens dotaux pour l'établissement de leurs enfants communs.

1557. L'immeuble dotal peut être aliéné lorsque l'aliénation en a été permise par le contrat de mariage.

1558. L'immeuble dotal peut encore être aliéné avec permission de justice, et aux enchères, après trois affiches:

Pour tirer de prison le mari ou la femme;

Pour fournir des aliments à la famille dans les cas prévus par les articles 203, 205 et 206, au titre *du Mariage;*

Pour payer les dettes de la femme ou de ceux qui ont constitué la dot, lorsque ces dettes ont une date certaine antérieure au contrat de mariage;

Pour faire de grosses réparations indispensables pour la conservation de l'immeuble dotal;

Enfin lorsque cet immeuble se trouve indivis avec des tiers, et qu'il est reconnu impartageable.

Dans tous ces cas, l'excédant du prix de la vente, au-dessus des besoins reconnus, restera dotal, et il en sera fait emploi comme tel au profit de la femme.

1559. L'immeuble dotal peut être échangé, mais avec le consentement de la femme, contre un autre immeuble de même valeur, pour les quatre cinquièmes au moins, en justifiant de l'utilité de l'échange, en obtenant l'autorisation en justice, et d'après une estimation par experts nommés d'office par le tribunal.

Dans ce cas, l'immeuble reçu en échange sera dotal; l'excédant du prix, s'il y en a, le sera aussi, et il en sera fait emploi comme tel au profit de la femme.

1560. Si, hors les cas d'exception qui viennent d'être expliqués, la femme ou le mari, ou tous les deux conjointement, aliènent le fonds dotal, la femme ou ses héritiers pourront faire révoquer l'aliénation après la dissolution du mariage, sans qu'on puisse leur opposer aucune prescription pendant sa durée : la femme aura le même droit après la séparation de biens.

Le mari lui-même pourra faire révoquer l'aliénation pendant le mariage, en demeurant néanmoins sujet aux dommages et intérêts de l'acheteur, s'il n'a pas déclaré dans le contrat que le bien vendu était dotal.

1561. Les immeubles dotaux, non déclarés aliénables par le contrat de mariage, sont imprescriptibles pendant le mariage, à moins que la prescription n'ait commencé auparavant.

Ils deviennent néanmoins prescriptibles après la séparation de biens, quelle que soit l'époque à laquelle la prescription a commencé.

1562. Le mari est tenu, à l'égard des biens dotaux, de toutes les obligations de l'usufruitier.

Il est responsable de toutes prescriptions acquises et détériorations survenues par sa négligence.

1563. Si la dot est mise en péril, la femme peut poursuivre la séparation de biens, ainsi qu'il est dit aux articles 1443 et suivans.

Section III.

De la Restitution de la Dot.

1564. Si la dot consiste en immeubles,

Ou en meubles non estimés par le contrat de mariage, ou bien mis à prix, avec déclaration que l'estimation n'en ôte pas la propriété à la femme,

Le mari ou ses héritiers peuvent être contraints de la restituer sans délai, après la dissolution du mariage.

1565. Si elle consiste en une somme d'argent,

Ou en meubles mis à prix par le contrat, sans déclaration que l'estimation n'en rend pas le mari propriétaire,

La restitution n'en peut être exigée qu'un an après la dissolution.

1566. Si les meubles dont la propriété reste à la femme ont dépéri par l'usage et sans la faute du mari, il ne sera tenu de rendre que ceux qui resteront, et dans l'état où ils se trouveront.

Et néanmoins la femme pourra, dans tous les cas, retirer les linges et hardes à son usage actuel, sauf à précompter leur valeur lorsque ces linges et hardes auront été primitivement constitués avec estimation.

1567. Si la dot comprend des obligations ou constitutions de rente qui ont péri ou souffert des retranchements qu'on ne puisse imputer à la négligence du mari, il n'en sera point tenu, et il en sera quitte en restituant les contrats.

1568. Si un usufruit a été constitué en dot, le mari ou ses héritiers ne sont obligés, à la dissolution du mariage, que de restituer le droit d'usufruit, et non les fruits échus durant le mariage.

1569. Si le mariage a duré dix ans depuis l'échéance des termes pris pour le paiement de la dot, la femme ou ses héritiers pourront la répéter contre le mari après la dissolution du mariage, sans être tenus de prouver qu'il l'a reçue, à moins qu'il ne justifiât de diligences inutilement par lui faites pour s'en procurer le paiement.

1570. Si le mariage est dissous par la mort de la femme, l'intérêt et les fruits de la dot à restituer courent de plein droit au profit de ses héritiers depuis le jour de la dissolution.

Si c'est par la mort du mari, la femme a le choix d'exiger les intérêts de sa dot pendant l'an du deuil, ou de se faire fournir des aliments pendant ledit temps aux dépens de la succession du mari ; mais, dans les deux cas, l'habitation durant cette année, et les habits de deuil, doivent lui être fournis sur la succession, et sans imputation sur les intérêts à elle dus.

1571. A la dissolution du mariage, les fruits des immeubles dotaux se partagent entre le mari et la femme ou leurs héritiers, à proportion du temps qu'il a duré, pendant la dernière année.

L'année commence à partir du jour où le mariage a été célébré.

1572. La femme et ses héritiers n'ont point de privilége pour la répétition de la dot sur les créanciers antérieurs à elle en hypothèque.

1573. Si le mari était déjà insolvable, et n'avait ni art ni profession lorsque le père a constitué une dot à sa fille, celle-ci ne sera tenue de rapporter à la succession du père que l'action qu'elle a contre celle de son mari, pour s'en faire rembourser.

Mais si le mari n'est devenu insolvable que depuis le mariage,

Ou s'il avait un métier ou une profession qui lui tenait lieu de bien,

La perte de la dot tombe uniquement sur la femme.

Section IV.

Des Biens paraphernaux.

1574. Tous les biens de la femme qui n'ont pas été constitués en dot, sont paraphernaux.

1575. Si tous les biens de la femme sont paraphernaux, et s'il n'y a pas de convention dans le contrat pour lui faire supporter une portion des charges du mariage, la femme y contribue jusqu'à concurrence du tiers de ses revenus.

1576. Le femme a l'administration et la jouissance de ses biens paraphernaux.

Mais elle ne peut les aliéner ni paraître en jugement à raison desdits biens, sans l'autorisation du mari, ou, à son refus, sans la permission de la justice.

1577. Si la femme donne sa procuration au mari pour administrer ses biens paraphernaux, avec charge de lui rendre compte des fruits, il sera tenu vis-à-vis d'elle comme tout mandataire.

1578. Si le mari a joui des biens paraphernaux de sa femme, sans mandat, et néanmoins sans opposition de sa part, il n'est tenu, à la dissolution du mariage, ou à la première demande de la femme, qu'à la représentation des fruits existants ; il n'est point comptable de ceux qui ont été consommés jusqu'alors.

1579. Si le mari a joui des biens paraphernaux malgré l'opposition constatée de la femme, il est comptable envers elle de tous les fruits tant existants que consommés,

1580. Le mari qui jouit des biens paraphernaux, est tenu de toutes les obligations de l'usufruitier.

DISPOSITION PARTICULIÈRE.

1581. En se soumettant au régime dotal, les époux peuvent néanmoins stipuler une société d'acquets, et les effets de cette société sont réglés comme il est dit aux articles 1498 et 1499.

TABLE DES MATIÈRES.

DEUXIÈME PARTIE.

Rouen. — Imp. de A. Péron.